기적의 숫자 퍼즐

네모네모 로직®

7 PLUS

CONTENTS

제우미디어

풀이법

설명의 순서대로 한 번만 따라 칠해보면 로직해법을 마스터할 수 있습니다!

기본 규칙

- 숫자는 '연속해서 칠할 수 있는 칸의 수'를 의미한다.
- 한 줄에 여러 개의 숫자가 있을 때는, 숫자와 숫자 사이에 반드시 한 칸 이상을 띄고 칠해야 한다.
- 칠할 수 없는 칸은 X로 표시한다.
- 완성된 숫자는 ○로 표시한다.

1

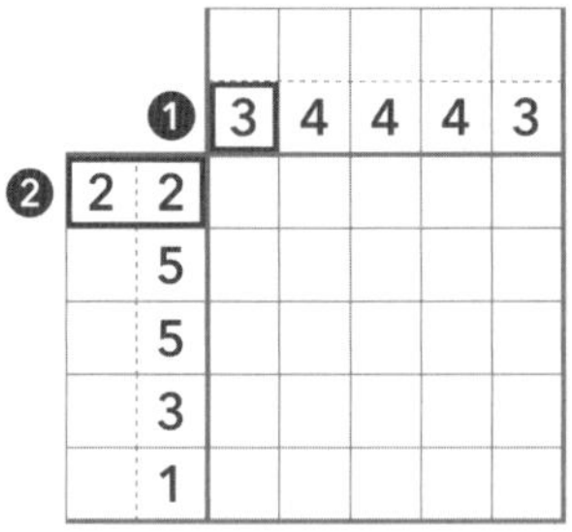

문제의 크기는 5x50I다.

❶은 세로 다섯 칸 중 세 칸을 연속해서 칠해야 한다는 뜻이다.

❷는 두 칸을 칠한 후, **한 칸 이상을 띄고** 다시 두 칸을 칠해야 한다는 뜻이다.

2

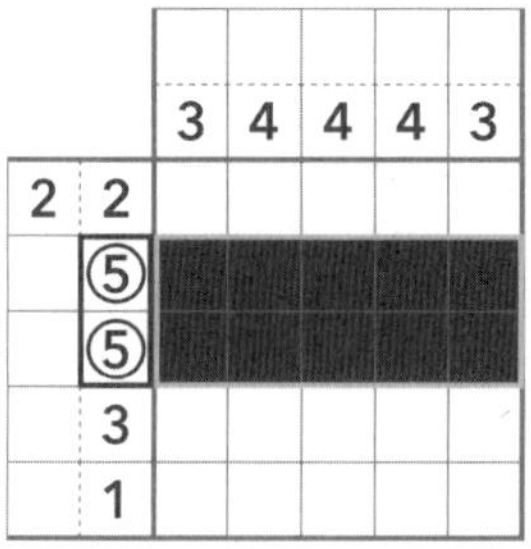

5는 다섯 칸을 연속해서 칠해야 한다. 다섯 칸을 모두 칠하고, 완성된 5에 ○로 표시한다.

3

위쪽의 3은, 세 칸이 연속해서 칠해져야 하니 맨 밑줄은 칠할 수 없게 된다. X로 표시한다.

4

위쪽의 4는, 네 칸이 연속해서 칠해져야 한다. **경우의 수를 따져보면** 네 번째 줄을 칠할 수 있다.

잠깐!

이 경우, 세 칸을 연속해서 칠할 수 있는 경우는 A, B 두 경우이다. 그러므로 칠할 수 없는 마지막 칸은 X로 표시한다.

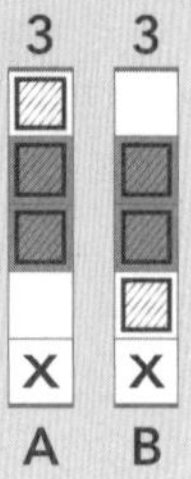

잠깐!

이 경우, 네 칸을 연속해서 칠할 수 있는 경우는 A, B 두 경우이다. 여기서 네 번째 칸은 무조건 칠해진다.

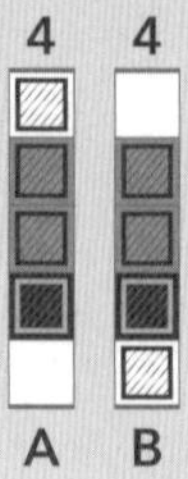

5

왼쪽의 3이 완성되었으니 숫자에 ○로 표시하고, 네 번째 줄의 양 옆을 ×로 표시한다.

6

위쪽의 3을 다시 보면 네 번째, 다섯 번째 칸이 ×로 표시되어 있다. 그럼 첫 번째 칸을 칠해야 3이 완성된다. 완성된 3은 ○로 표시한다.

7

왼쪽의 2는 두 칸이 연속해서 칠해져야 하니, 두 번째 칸과 네 번째 칸을 칠할 수 있다. 세 번째 칸은 ×로 표시하고, 완성된 2는 ○로 표시한다.

8

이렇게 되면 위쪽의 두 번째, 네 번째가 완성된다. 완성된 4를 ○로 표시하고 맨 밑줄은 ×로 표시한다.

9

이제 남은 것은 위쪽의 4와 왼쪽의 1이다. **맨 밑줄의 남은 한 칸을 칠하면**, 위쪽의 4이자 왼쪽의 1이 완성된다.

잠깐!

네모 로직의 문제 크기가 큰 경우, **큰 숫자부터 공략하는 것**이 쉽다. 예를 들어 문제가 10x10이고 한 줄인 열 칸 중에서 아홉 칸을 연속해서 칠해야 할 때,

전체 칸 수(10) - 해당 칸 수(9) = **빈 칸 수(1)**

이 공식을 이용하면 경우의 수를 쉽게 풀 수 있다. 여기서는 1이 나왔으니 **위아래 한 칸씩**을 비우고 가운데 여덟 칸을 칠한다.

중요한 로직 풀이 TIP!

문제의 크기가 큰 로직 중에는 위의 설명만으로 해결되지 않는 것이 있다. 그럴 때 이것만 기억해 두면 손쉽게 풀 수 있다.

위에서부터 칠했을 때와 아래에서부터 칠했을 때 겹쳐지는 칸이 어디인지를 찾는다. 이때 숫자의 순서는 반드시 지켜야 하며 점을 찍어가며 생각하면 편하다.

❶ 한 칸에 점을 찍고, 한 칸 띄고 6칸에 점을 찍는다.

❷ 뒤에서부터 6칸에 점을 찍고, 한 칸 띄고 한 칸에 점을 찍는다.

❸ 겹치는 부분을 찾아 칠한다.

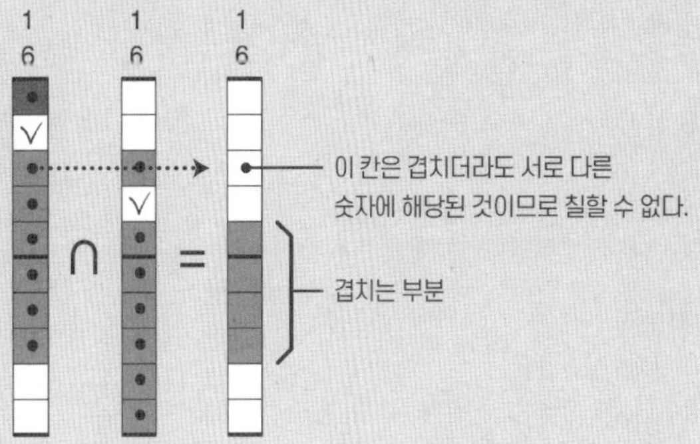

네모네모 로직® 플러스 7

초판 1쇄 펴냄 2023년 3월 15일

편　　저 | 제우미디어
발 행 인 | 서인석
발 행 처 | 제우미디어
등 록 일 | 1992. 8. 17
등록번호 | 제 3-429호
주　　소 | 서울시 마포구 독막로 76-1 한주빌딩 5층
전　　화 | 02) 3142-6845
팩　　스 | 02) 3142-0075

I S B N | 979-11-6718-237-1
978-89-5952-895-0 (세트)

만든 사람들

출판사업부 총괄 손대현
편집장 신한길 | **책임편집** 민유경 | **기획** 신은주, 장재경
영업 김금남 | **제작** 김용훈 | **문제 디자인** 나영 | **표지·내지 디자인** 디자인그룹올 | **표지·내지 조판** 디자인수

※ 값은 뒤표지에 있습니다.
※ 파본은 구입하신 서점에서 교환해 드립니다.

A1

스트라이크!

난이도

★☆☆☆☆

15×15

Column	Clues
1	15
2	5 5
3	3 3
4	4 4
5	2 7 2
6	1 1
7	1 1
8	1 1
9	1 1
10	1 1
11	2 7 2
12	4 4
13	3 3
14	5 5
15	15

Row	Clues
1	15
2	5 5
3	4 4
4	2 1 1 2
5	2 1 1 2
6	1 1 1 1
7	1 1 1 1
8	1 1 1 1
9	1 1 1 1
10	1 1 1 1
11	2 1 1 2
12	2 1 1 2
13	4 4
14	5 5
15	15

A2

매우 뜨거워요!

난이도

★☆☆☆☆

15×15

Column	Clues
1	4 4 5
2	4 2 3 1
3	10 1
4	2 2 2
5	1 2 5
6	3 2 1 4
7	3 2 2 1 1
8	1 2 1
9	2 2 2 1 2
10	3 2 1 4
11	2 1 2 2
12	1 2 2 2
13	10 1
14	4 2 5
15	4 4 5

Row	Clues
1	2 3 3 2
2	3 2 3 2
3	3 6 3
4	5 5
5	2 2
6	1 1 2 2 1 1
7	3 2 2 3
8	3 3
9	1 1 5 1 1
10	2 3 2
11	5 5
12	2 7 3
13	2 2 1 2
14	1 3 4 2
15	7 7

A3 + A4

하늘 높이 올라갈 수 있어요

난이도

★☆☆☆☆

15×15

Column clues:

			2	1						1	2			
	2	1	6	3	3	2		2	3	3	6	1	2	
8	3	2	3	5	3	2	14	2	3	5	3	2	3	8

Row clues:

				9
		3	5	3
2	2	1	2	2
1	1	1	1	1
1	2	1	2	1
1	1	1	1	1
1	1	1	1	1
1	1	1	1	1
1	1	1	1	1
2	2	1	2	2
1	1	1	1	1
2	2	1	2	2
				11
				9
			1	1

+

15×15

Row clues (left):

1	1
1	1
1	1
	9
1	2
	9
1	2
1	2
2	2
	5
1	1
3	3
5	6
	15
	15

Column clues (bottom):

5	4	4	3	4	1	1	1	1	1	9	3	4	4	5
			3	4	1	1	1	1	5	3	3			
				3	2	1	1	1	3					
					2	2	2	2						

A5

똑딱똑딱

난이도

★☆☆☆☆

15×15

Column clues (top to bottom):

1	2	3	4	5	6	7	8	9	10	11	12	13	14	15
			3						2		3			
			1		2				1		1			
		3	1		1	2	2	2	1	2	1			
		1	1	2	1	1	6	1	1	1	1	3		
5	9	3	3	2	2	2	4	2	2	2	3	3	9	5

Row clues:

Row	Clue
1	5
2	9
3	3 3
4	3 1 1 1 3
5	2 1 2
6	2 1 1 1 2
7	2 1 2
8	4 6 2
9	2 1 2
10	2 1 1 2
11	2 2
12	3 1 1 1 3
13	3 1 3
14	9
15	5

A6

라가 도가 되었어요

난이도

★☆☆☆☆

15×15

Column clues (top to bottom):

1	2	3	4	5	6	7	8	9	10	11	12	13	14	15
				2										
3	6	6	7	3	2	1	2	3					2	2
1	1	2	1	2	2	2	3	4	11	9	7	0	2	2

Row clues:

Row	Clue
1	7
2	5 4 2
3	3 4 2
4	5 3
5	5 3
6	5 3 2
7	3 3 2
8	3
9	4
10	3
11	3
12	3
13	4
14	4
15	3

A7

공사 중이에요!

난이도

★☆☆☆☆

20×20

Column	Clues (top to bottom)
1	2
2	2
3	4
4	1 2
5	4 2
6	7 2
7	4 6 2
8	5 6 2
9	3 3 6 2
10	4 3 6 2
11	4 3 6 2
12	3 3 6 2
13	5 6 2
14	4 6 2
15	7 2
16	4 2
17	1 2
18	4
19	2
20	2

Row	Clues (left to right)
1	2
2	4
3	4
4	4
5	1 1
6	1 1
7	8
8	8
9	8
10	1 1
11	1 1
12	10
13	10
14	12
15	12
16	12
17	16
18	1 1
19	20
20	20

A8

복슬복슬 털을 가지고 있어요

난이도

★☆☆☆☆

20×20

Column	Clues (top to bottom)
1	20
2	7 1 5
3	4 1 2 1 3
4	3 1 1 1 3 3
5	3 3 2 2 2
6	2 4 1 2
7	2 1 3 3 2
8	1 3 3 2 1
9	1 2 1 1 1
10	2 1 3 1 2
11	2 1 1 1 1 2
12	1 2 3 1
13	1 3 3 3 1
14	1 1 3 1 2
15	2 5 1 3
16	2 3 2 2 2
17	3 1 1 1 3 2
18	4 1 2 1 3
19	7 1 5
20	20

Row	Clues (left to right)
1	20
2	7 2 6
3	5 4
4	3 3
5	2 2
6	5 2 1 5
7	2 1 6 2 2
8	1 6 7 1
9	1 1 1 1 1 1
10	1 1 3 3 1 1
11	2 4 4 2
12	1 3 2 2 2 3 1
13	1 1 1 1 1
14	1 2 1 1 1 2 1
15	1 1 3 3 1 1
16	2 3 4 2
17	2 4 2
18	4 1 3
19	7 2 7
20	20

A9 + A10

불을 보며 멍하게 있어요

난이도

★☆☆☆☆

20×20

Column clues (top to bottom):

Column	Clues
1	2 7
2	8 1
3	10
4	10
5	3 6 3
6	10 6
7	7 6
8	1 2 6 3
9	3 5 2
10	7 2
11	17
12	4 4 2
13	2 5 2
14	3 6 3
15	9 5
16	10 5
17	5 4 3
18	10
19	1 8
20	8 1

Row clues:

Row	Clues
1	6 2 2 6
2	7 5 4 1
3	6 4 6
4	4 2 3 7
5	8 2 7
6	8 3 3 3
7	7 4 6
8	7 5 6
9	1 4 2 3 5
10	6 2 1 2 5
11	2 1 2
12	2 1 2
13	2 1 2
14	2 1 2
15	2 1 2
16	2 1 2
17	2 5 2
18	2 7 2
19	2 1 1 2
20	2 1 1 2

\+

20×20

Left clues:

Row	Clues
1	2 8 2
2	2 1 1 2
3	2 8 2
4	3 8 3
5	2 8 2
6	2 8 2
7	2 8 2
8	2 6 3
9	3 2 2
10	2 2 2 1 2
11	2 2 2 1 2 2
12	2 4 4 2
13	2 1 2 2 1 2
14	3 1 1 2 1 2 2
15	2 1 2 1 2
16	2 1 2 3 1 1 2
17	2 2 8 1 2
18	2 2 6 2 2
19	14
20	5 3 5

Bottom clues:

Column	Clues
1	5
2	10
3	11 1
4	9 3 2
5	4 4 4
6	2 3
7	7 2 2 2
8	1 6 4 4
9	1 6 2 3
10	1 8 7
11	1 7 7
12	1 6 1 5
13	1 6 5 3
14	7 2 2 2
15	3 2
16	4 4 3
17	8 7
18	9 1
19	11
20	6

A11 + A12

단단한 껍질 속에 달콤한
과육이 숨어 있어요

난이도

★☆☆☆☆

20×20

Column clues (A11)

Column	Clues
1	3 1
2	5 4 2
3	2 4 1 3
4	3 2 3 1
5	7 1 2 2
6	2 6 2 1
7	2 4 1 1
8	4 5 1
9	7 4 3
10	11 2
11	9 2 5
12	6 10
13	3 10 1
14	2 4 3 1 2
15	1 3 3 1 2
16	6 4 4
17	2 5 5
18	5 1 2 3
19	2 3 2
20	1 2

Row clues (A11)

Row	Clues
1	2
2	4
3	2 4 1
4	12
5	1 8 1
6	4 6 4
7	4 5 6
8	1 3 3 3 1
9	1 2 2 3 2
10	2 1 1 2 3
11	1 2 4 2
12	4 2 1 3 6
13	7 1 6 1
14	2 3 4 2
15	3 2 3 2
16	2 1 3 2
17	5 1 10
18	3 4 3 5
19	3 4 5
20	11

\+

20×20

Column clues (A12)

Column	Clues
1	8
2	4 5
3	2 2 7
4	3 3 6
5	2 2 5 1 3
6	1 10 3
7	3 2 3 3 3
8	1 1 3 1 4 2
9	1 6 9
10	1 1 4 2 2 2 1
11	1 2 2 4 1 2 1
12	5 2 3 5
13	2 1 1 6 3
14	2 5 1 3 2
15	3 2 2 5
16	1 1 6 1 2
17	4 2 2 2 3
18	5 6
19	2 2 2 3
20	14

Row clues (A12)

Row	Clues
1	8
2	3 6
3	2 3 2 1 3
4	2 4 7
5	4 2 3 2 1
6	1 7 1 1 1
7	2 6 1 4
8	3 2 2 6 2
9	1 5 3 2 1
10	1 5 1 2 1
11	1 5 4 2 1
12	3 2 5 2 2
13	4 4 9
14	4 5 1 2 1
15	10 3 1 1
16	3 2 5 3
17	4 4 2 4
18	4 5 5
19	5 6
20	8

A13 + A14

다리가 8개인 동물이에요

난이도

★☆☆☆☆

20×20

Column clues (top to bottom, columns left to right)

Column	Clues
1	6
2	3 1 3
3	3 3 2 1
4	2 7 2 2
5	3 2 1 3 3
6	3 2 4 4
7	1 3 3 2 3
8	1 1 4 1 4 1
9	1 1 1 4 3 1 1
10	1 1 1 1 12
11	1 1 1 4 3 1 1
12	1 1 3 1 4 1
13	1 3 2 1 2 4
14	3 1 5 3
15	2 2 1 3 1
16	2 3 1 3 2
17	3 5 5
18	2 1 3 1
19	3 1 3
20	5

Row clues (left to right, rows top to bottom)

Row	Clues
1	11
2	2 3
3	11 2
4	2 1 1 1
5	1 10 2
6	2 2 1 1 2 2
7	1 2 6 1 1
8	2 1 3 1 2 2 2
9	1 2 2 3 1 1 1
10	20
11	1 2 1 1 1 1 1
12	1 1 2 3 2 2 2
13	2 2 7 1 1
14	1 1 5 2 2
15	2 2 1 1 2 1 1
16	2 10 2
17	4 1 2 1
18	13
19	2 1 2
20	2 1 2

+

20×20

Column clues (top to bottom, columns left to right)

Column	Clues
1	1 1
2	2 2
3	2 1 1 2
4	2 7 2
5	1 2 3 2 1
6	5 1 1 1 6
7	3 2 3 3 2
8	1 10 1
9	2 12 2
10	18
11	2 10 2
12	1 2 5 3 1
13	5 1 6
14	3 1 4
15	1
16	1
17	1
18	1
19	1
20	1

Row clues (left to right, rows top to bottom)

Row	Clues
1	2 2
2	4 2 2
3	2 2 2 2
4	1 2 2 2
5	1 2 2
6	8
7	4 5
8	2 1 1 5
9	2 6
10	17
11	2 6
12	2 1 1 5
13	4 5
14	8
15	8
16	1 2 3
17	1 2 2 2
18	2 2 2 2
19	3 2 2
20	2 2

A15

어푸어푸~

난이도

★☆☆☆☆

20×20

Column	Clue (top to bottom)
1	5
2	2 2
3	2 3 2
4	2 5 1
5	2 2 2 2
6	1 2 1 2
7	1 2 1 2
8	1 1 1 2
9	2 3 1 1 5
10	4 1 1 3 2
11	4 1 1 3 2
12	3 2 1 1 2
13	2 3 1 1 5
14	7 1 1 5
15	1 1 1 5
16	1 1 2 2
17	1 2 2 3
18	1 2 3
19	2 3
20	8

Row	Clue (left to right)
1	4
2	6
3	4 1
4	2 1
5	2 3
6	5 8
7	2 3 2 2
8	2 1
9	2 12 1
10	2 4 2 1
11	1 3 1 1
12	1 2 2 1 1
13	1 3 2 2 2
14	2 13 3
15	2 3
16	16
17	13
18	1 3
19	1 3
20	1 3

A16

우리와 닮은 듯 달라요~

난이도

★☆☆☆☆

20×20

Column	Clue (top to bottom)
1	2 5
2	3 5
3	4 5 2 2
4	3 2 2 1
5	2 6 1
6	2 4 1 1
7	1 2 2 2 2
8	2 2 2 2 4 3
9	1 1 1 2 1 1 5
10	1 1 4 1 1 5
11	1 1 4 1 1 5
12	1 1 2 1 4 3
13	2 2 2 1 2
14	1 2 2 2 1
15	2 4 5 1
16	2 2 1 1
17	3 2 2 1
18	4 5 2 2
19	3 5
20	2 5

Row	Clue (left to right)
1	2 6 2
2	3 3 3 3
3	3 2 2 3
4	3 6 3
5	1 2 2 1
6	2 2 3 2 2
7	1 1 1 3 1 1
8	1 1 5 1 1
9	1 2 3 2 1
10	2 2 2 2
11	2 6 2
12	3 3
13	1 9
14	1 1 1 1
15	1 1 1 1
16	5 5 6
17	4 3 4
18	2 5 2
19	3 7 3
20	20

A17

물속에서 숨을 쉴 수 있어요

난이도

★☆☆☆☆

20×20

Column clues (left to right, top to bottom):

Column	Clues
1	5
2	3 2
3	3 2
4	3 2
5	3 2
6	3 3 3
7	3 3 1 1
8	3 3 2 4
9	3 3 1 5
10	3 3 1 5
11	3 2 2 5
12	3 2 1 1 3
13	3 2 3 3
14	2 2 4
15	2 5 2 1
16	3 3 2
17	15 3
18	5 1 1 1 2
19	4 1 1 3
20	14

Row clues (top to bottom):

Row	Clues
1	4
2	9 5
3	12 5
4	13 4
5	3 3 4
6	1 1 1 1
7	1 1 1 1
8	1 3 1 1 1
9	2 5 2 1 1
10	13 1 1
11	4 4 1 1
12	4
13	3 3 1 1
14	1 4 1 4
15	1 1 2 1
16	6 2 3
17	4 4 1
18	7 3
19	7 3
20	8

A18

움직일 것 같아요!

난이도

★☆☆☆☆

20×20

Column clues (left to right, top to bottom):

Column	Clues
1	8
2	5 2
3	4 2 1 4
4	4 1 2 2
5	5 2 2 2 1
6	6 5 1 1
7	2 2
8	1 2 3 2
9	4 3 1
10	1 2 2 2 1
11	1 1 2 2 1
12	4 3 1
13	1 2 3 2
14	2 2
15	5 5 1 1
16	5 2 2 2 1
17	4 1 2 2
18	4 2 1 4
19	5 2
20	8

Row clues (top to bottom):

Row	Clues
1	8 8
2	7 7
3	6 2 2 6
4	6 2 2 6
5	2 2 1 1 2 2
6	1 1 1 4 1 1
7	1 1 1 1
8	2 2 2 2
9	4 6 4
10	2 3 2 2
11	1 1
12	1 2 1
13	1 2 1
14	2 2
15	2 2 2
16	2 2 2
17	1 1 1 1
18	1 2 6 2 1
19	2 2 2 2
20	4 4

A19

피망과는 달라요

난이도

★☆☆☆☆

20×20

Column	Clues
1	6
2	2 4
3	2 4
4	2 2
5	3 2
6	1 1 7 1
7	1 4 5 1
8	2 1 2 3
9	2 2 1 1
10	7 1
11	7 1
12	6 1
13	1 2 2
14	1 3 5
15	1 1 13
16	3 7 2
17	1 3
18	2 9
19	13
20	8

Row	Clues
1	4
2	5
3	3
4	12
5	3 4 4
6	6 3 3 3
7	2 8 2
8	1 2 3 2
9	1 2 1 2
10	1 1 2 2
11	1 1 2 3
12	2 1 2 3
13	1 1 2 3
14	1 2 2 2
15	2 2 2 2
16	1 1 3 2
17	1 1 2 3
18	2 2 2 2
19	2 1 6
20	12

A20

이름을 새겨요

난이도

★☆☆☆☆

20×20

Column	Clues
1	8 5
2	8 2 2
3	7 1 3 1
4	7 1 1 1 2
5	7 2 3 1
6	6 3 1 1
7	6 1 2 1 1
8	6 2 1 2 1
9	5 1 2 2
10	5 6 2
11	5 1 8
12	4 1 3
13	4 3 4
14	7 2 3
15	3 1 3
16	1 2 3
17	1 4 3
18	1 4 3
19	2 4 4
20	6

Row	Clues
1	19
2	15 2
3	15 1
4	14 1
5	11 1 2
6	8 1 3
7	5 2 4
8	2 3 3
9	1 2 3
10	1 4 1
11	2 1
12	5 4 2
13	2 2 12
14	2 2 9
15	1 3 2 1 5
16	1 1 1 1 1
17	1 3 2 1
18	2 3 2
19	3 2
20	6

A21 알들이 자고 있어요

난이도 ★☆☆☆☆

25×25

Column clues (top to bottom, columns 1–25)

Column	Clues
1	15
2	2 3 3 4
3	2 3 3 2 3
4	1 2 9 2 3
5	4 11 1 1 1
6	1 2 7 2 1 1 1
7	2 1 7 2 3 2
8	1 10 2 5
9	1 1 5 1 2 1 1 1
10	3 4 1 2 1 1 1
11	3 3 2 4 1 1 1
12	1 5 1 2 3 3
13	1 5 4 4 2
14	3 3 2 1 3 1 2
15	3 4 1 1 1 1 1 2
16	1 1 4 2 1 1 1 1 2
17	1 1 6 2 1 1 4
18	1 1 6 2 2 4
19	5 5 2 1 1 2
20	1 2 6 2 2 2 2
21	5 8 2 2 2
22	3 2 4 2 2 3
23	2 3 3 1 4
24	18
25	12

Row clues (left to right, rows 1–25)

Row	Clues
1	13
2	3 2 2 4
3	3 12 2
4	2 4 2 5
5	1 3 14 2
6	1 2 12 2 1
7	1 1 16 3
8	10 7 3
9	2 6 5 3
10	2 5 7 2
11	1 6 3 4 2
12	1 9 2 3 2
13	1 4 3 2 2
14	2 2 1 1 3
15	2 2 6 2 3
16	2 2 2 4 4
17	1 1 3 1 2 2 2
18	1 1 6 4 2 3
19	2 1 7 3 1 2
20	2 4 7 4
21	2 7 2 2
22	7 8 3
23	2 5 2 3
24	5 11
25	14

A22 중요한 자리에 매고 가요

난이도 ★☆☆☆☆

25×25

						1																		
	2	2	5	8	2	2	1	2	1	2					2	2	1	1	3		2	2		
2	6	4	2	1	5	4	3	2	4	5				8	4	2	2	8	5	8	2	4	3	
18	10	8	6	4	3	1	4	4	3	10	23	22	22	14	9	4	5	1	3	5	7	10	18	22

			4	4
	3	3	2	3
	3	2	2	5
	4	4	1	3
2	2	4	1	2
1	2	7	1	1
	1	10	2	1
1	2	11	2	2
	2	4	7	8
3	2	5	2	4
	6	3	2	3
4	2	4	1	3
3	1	4	1	2
2	1	4	1	2
1	2	4	1	2
2	1	5	2	3
2	1	6	1	3
3	2	6	1	3
3	1	6	1	4
	4	1	8	4
		4	9	5
		5	8	5
		6	8	6
		6	6	6
		7	6	7

A23 울음소리가 정겨워요

난이도 ★☆☆☆☆

25×25

Column	Clues
1	4 2 1
2	4 2 1
3	4 3 6 1
4	3 7 3 2
5	2 2 2 2 2 3
6	1 2 1 2 2 3
7	2 2 3 2 1 2
8	1 2 1 2 1 1 3
9	1 2 3 2 3 1
10	4 1 2 2 1 2
11	2 4 1 1 1 3
12	3 4 5 1 1 3
13	4 4 4 1 4
14	5 5 3 1 1
15	6 2 3 1 2 1
16	6 4 1 3 1 1
17	6 5 1 1 2 1
18	7 5 1 1 2 1
19	7 9 1 1
20	8 11 1
21	9 9 1
22	11 4 4 1
23	13 3 3 1
24	14 2 4
25	15 3

Row	Clues
1	6 2 14
2	5 2 1 14
3	4 2 2 14
4	3 2 3 13
5	2 2 12
6	4 2 1 11
7	4 2 2 8
8	3 5 6
9	2 6 5
10	1 4 4 4
11	2 3 1 5 4
12	1 2 5 4 3
13	1 2 1 3 7 3
14	1 1 1 2 4 4 2
15	1 1 2 1 2 7 1
16	2 1 2 1 3 5
17	1 2 2 2 9
18	2 2 2 3 2
19	2 2 3
20	4 9
21	7 5
22	2 1 4
23	4 3 2
24	25
25	3 3

A24 눈이 매서워요

난이도 ★☆☆☆☆

25×25

열	힌트
1	6
2	2 4 5
3	3 5 2
4	5 3
5	2 1 3
6	2 2 8
7	2 3 2 7
8	2 1 1 1 1 5
9	1 4 1 1 4
10	1 8 8
11	2 6 2 2 1 2
12	2 2 4 1 2
13	2 2 4 1 2
14	3 3 2 2 1 2
15	3 8 8
16	3 6 1 4
17	3 2 4 1 6
18	10 3 7
19	10 12
20	7 9
21	6 8
22	16
23	2 12
24	1 4 5
25	5

행	힌트
1	3 13 4
2	8 13 1
3	1 4 9 2
4	2 1 8
5	4 8
6	4 7
7	2 3 7
8	1 6 6 3
9	2 1 3 2 2 3
10	1 4 5 4
11	1 3 4 4
12	1 15
13	2 17
14	2 2 1 1 6
15	1 1 2 2 5
16	3 4 4
17	3 2 3
18	16
19	2 6 3
20	3 1 1 4
21	3 1 1 3
22	13
23	4 5
24	11
25	9

A25 아주 큰 것도 있어요

난이도 ★☆☆☆☆

25×25

Column clues (left to right, top to bottom):

Col	Clues
1	7
2	7 2
3	2 2 1 1
4	2 1 2 2
5	4 2 1 5
6	2 1 1 3 1
7	1 9 2 3 1
8	1 3 5 1 1
9	3 4 2 2 2
10	2 10 5
11	2 4 7 2
12	1 3 2 6 2
13	1 2 1 2 2
14	1 2 1 3 2
15	1 3 2 6 2
16	2 4 7 5
17	1 7 2 2 2
18	3 5 1 1
19	1 3 3 2 3 1
20	1 7 1 4 1
21	1 1 2 1 5
22	3 2 1 2 2
23	2 2 1 1
24	7 2
25	7

Row clues (top to bottom):

Row	Clues
1	4 6 4
2	2 3 3 1
3	1 4 3 1
4	1 2 2 1
5	4 2 2 3
6	1 2 2 1
7	1 6 1
8	1 2 2 2 1
9	1 1 1 1 1 2
10	2 1 4 3
11	7 6
12	2 11 2
13	2 11 2
14	2 5 5 2
15	1 3 2 1 1
16	1 1 4 3 2 1
17	2 2 4 3 1 2
18	5 5
19	2 2 2 2
20	4 3 3 4
21	1 2 1 2 2 1 2 1
22	1 1 1 1 1 1
23	1 1 1 1 1 1
24	2 2 9 2 2
25	25

A26 나쁜 짓을 하라고 유혹해요

난이도 ★☆☆☆☆

25×25

Column clues (left to right, top to bottom)

Column	Clues
1	5
2	2
3	3 1
4	7 3
5	2 1 9
6	5 3 4
7	1
8	5 2
9	3 7 1 1
10	2 1 3 3 5 2
11	5 2 2 7 2
12	2 7 14
13	1 3 2 13
14	7 10
15	7 10
16	7 10
17	3 2 13
18	1 7 14
19	5 2 2 7 2
20	2 2 3 3 6 2
21	3 8 1 1
22	3 5 2
23	2
24	3
25	3

Row clues (top to bottom, left to right)

Row	Clues
1	4 5
2	5 4
3	1 1 1 2
4	1 10
5	1 1 2 12
6	1 1 1 1 7 1
7	1 2 1 3 1 3 1 3
8	1 1 1 5 3 5
9	2 3 15
10	3 2 7 2
11	1 3 3
12	1 4 4
13	2 11
14	1 7
15	1 10
16	1 13
17	3 13 2
18	5 11 3
19	3 11 2
20	1 11 2
21	2 9
22	1 7
23	1 2 2
24	1 4 4
25	5 5

A27 하얀 날개를 가지고 있어요

난이도 ★☆☆☆☆

25×25

열	힌트
1	8 6 2
2	1 12 2
3	1 1 7
4	2 1 1 7 2
5	1 6 2
6	2 2 1 5
7	4 5 2 1 5
8	1 1 9 7
9	2 5 2 3 2
10	1 2 3 1 1 1 1
11	1 2 3 3 1
12	1 2 3 3 1
13	1 2 3 1 1 1 1
14	1 2 4 2 1
15	2 6 2 1
16	1 1 8 3 1
17	4 7 2 1
18	6 1 2
19	2 5 3 2
20	2 3 2 3
21	2 1 10
22	1 1 3 6 1
23	1 1 5 8
24	1 5 6
25	10 8

행	힌트
1	7
2	3 3
3	1 5 1
4	1 5 1
5	3 3
6	7
7	9 5
8	4 10 2 1
9	1 6 4 2 1
10	1 3 1 1 5 3
11	2 2 3 2
12	4 2 4 5 4
13	2 3 2 6 3
14	4 7 4 5
15	3 2 2 2 1
16	3 2 5 1
17	6 1 1 2
18	5 1 1 5 1
19	9 2 1 3 1
20	5 1 9
21	2 5 6
22	2 5 5
23	3 6
24	2 6 4 3
25	2 22

A28 + A29 에페, 사브르 등 종목이 다양해요

25×25

Column clues (top to bottom):

Col	Clues
1	13
2	1 7 1
3	10 1
4	2 6 1 1
5	2 6 3
6	2 6 4
7	2 6 4
8	4 1 3 5
9	7 6 5
10	2 2 1 6
11	1 1 1 7
12	1 3 2 1 7
13	8 1 7
14	11 1 7
15	8 5 6
16	5 1 2 2 5
17	2 1 3 1 1
18	1 1 2 4 1 1
19	1 1 1 8 1
20	2 2 2 9 1
21	1 4 11
22	2 1 1 11
23	1 6 11
24	2 4 11
25	4 11

Row clues (left to right):

Row	Clues
1	6 3
2	2 4 3
3	1 5 3
4	1 5 2
5	1 5 1 1
6	2 4 6
7	7 5 3
8	3 6 1 2
9	3 1 5
10	2 1 1 3 1
11	2 2 1 3
12	2 1 2
13	3 3 1
14	1 1 3 1 1
15	1 23
16	9 11
17	8 9
18	7 8
19	6 4 7
20	4 6 7
21	3 9 7
22	2 11 7
23	1 15 6
24	1 12 5
25	25

+

난이도 ★☆☆☆☆

25×25

						2	1																	
				2	1	1	1						1									2		
				1	2	1	1				6	6	3	2			2	1	2	1		1		
		3	2	1	2	4	3	5	6	8	1	1	1	1	6		1	2	1	2	2	7	2	
6	7	1	4	9	8	1	1	2	5	1	1	1	1	1	1	9	2	3	4	5	8	1	8	12
11	11	11	11	1	1	1	1	6	6	7	8	8	8	7	7	6	5	5	4	3	2	1	1	1

2	5			
3	4	2		
2	5	1		
3	5	1		
3	5	1		
3	4	1		
2	3	3	4	
2	1	4	4	4
4	1	1	3	
2	3	1	1	2
5	3	2		
1	1	3	2	
1	1	3	1	
8	1	1		
10	9			
9	8			
8	7			
7	3	6		
6	6	5		
6	9	4		
6	11	3		
6	12	2		
5	15	1	1	
4	14			
25				

A30 + A31 여보세요~ 내 말 들려?

25×25

Column clues:

1	2	3	4	5	6	7	8	9	10	11	12	13	14	15	16	17	18	19	20	21	22	23	24	25
							4	4			4								2					
							2	1			2						5	4	2					
		3	2	8	11	12	4	2	3	4	2	5	5			5	1	3	2	1	4	1	1	
	5	1	2	1	2	1	1	6	5	4	1	1	1	5		2	2	4	2	5	2	3	5	1
13	4	3	3	1	1	2	1	2	8	8	9	13	9	7	13	2	5	4	3	3	3	4	5	13

Row clues:

				8
				12
				14
			4	9
			3	7
			2	5
	5	3	1	3
	4	1	1	1
3	1	1	2	4
3	4	2	1	2
	3	3	3	3
	4	2	2	2
			17	5
5	3	3	2	6
3	2	3	3	3
2	1	3	1	2
2	4	4	1	2
1	3	6	2	1
1	2	5	1	1
		1	5	1
	1	6	1	2
	2	7	2	3
		7	4	8
		4	4	8
		4	4	8

+

난이도 ★⯪☆☆☆

25×25

Column clues (columns 1–25, top to bottom):

Col	Clue
1	1 12
2	1 12
3	1 12
4	1 12
5	1 15
6	4 12
7	1 1 10
8	2 1 1 7
9	1 4 2 6
10	1 5 5
11	1 1 2 4
12	6 3 3
13	6 2 4 2
14	3 2 3 5 2
15	3 1 1 6 2
16	3 1 2 2 1
17	4 3 2 2
18	6 1 2 1
19	7 1 1 2
20	5 2 1 1 1
21	6 5 2
22	12 1
23	12
24	8 3
25	12

Row clues (rows 1–25, left to right):

Row	Clue
1	9
2	11
3	12
4	1 8
5	3 7
6	2 2 4
7	6 1 3
8	3 1 3
9	6 2 4
10	4 3 5
11	2 1 1 1 4
12	1 4 4 3
13	1 2 5 2
14	6 8 2
15	6 8 3 2
16	10 4 2 1
17	7 5 1
18	7 3 1
19	8 1 1
20	9 1
21	10 2 1
22	11 3 1
23	12 3 1
24	17 1
25	15 1

A32 똑똑!

난이도 ★☆☆☆☆

25×25

Column clues (left to right, top to bottom):

Col	Clue
1	25
2	9 9
3	8 5
4	8 3
5	9 1
6	4 8 2 1
7	1 2 11
8	1 1 2 5
9	5
10	4 3 1 4
11	1 1 2 3 2
12	2 3 2 1
13	1 1 2 1
14	1 1 2 4
15	1 1 2 3 1
16	1 2 1 1 1
17	1 2 1 2 2
18	1 4 2 1 1
19	2 2 1 1 1
20	1 5 1 2
21	6 2 2 2
22	1 2 1 1
23	1 1 1 4 1 2
24	2 2 3 5 4
25	25

Row clues (top to bottom):

Row	Clue
1	8 8 4
2	6 3 3 2
3	7 1 1 1
4	8 1 1 3
5	5 3 3 1 1 2
6	6 2 3 1 1
7	8 2 2 2 2
8	8 2 3 3
9	2 3 1 2 2
10	1 2 2 4 1 1
11	1 4 2 4 3
12	1 4 2 5
13	1 4 2 4
14	1 6 3
15	1 2 1 5 2
16	1 1 2 3 3 1
17	2 2 1 1 1
18	2 1 1 2 1
19	2 2 1 2 1
20	2 4 6 1
21	3 4 1
22	3 2
23	4 2
24	4 3
25	6 3

A33 판다가 좋아해요

난이도 ★★☆☆☆

25×25

Column clues (top to bottom)

Column	Clues
1	3 4
2	4 4
3	8
4	4 5 5
5	9 1 6 1 3
6	2 2 1 1
7	2 3 1 1
8	2 2 1 1
9	1 3 1 1
10	4 1 1
11	10 1 6 1 3
12	7 5
13	5 2
14	7 2 3
15	4 2 4 3
16	2 3 7
17	1 3 6
18	2 5
19	1 8 1 4
20	4 1
21	2 2 1
22	2 1 1
23	2 2 1
24	4 1
25	13

Row clues (left to right)

Row	Clues
1	5
2	4 2 3
3	3 3 3
4	2 5 2
5	6 1 3
6	4 1 2 4
7	1 1 1 6
8	3 1 7
9	3 1 4
10	4 2 3
11	3 1 5
12	10 2 2
13	3 1 2 3 2
14	5 2 3 1 5
15	3 1 1 3 1 3
16	2 1 1 3 1 1
17	1 1 1 2 2 1 1
18	1 1 7 1
19	2 2 5 1
20	1 1 11
21	9 1 1
22	1 1 2 1
23	2 2 1 1
24	1 1 1 1
25	1 1 1 1

A34 어둠을 밝혀 줘요

난이도 ★☆☆☆☆

20×30

Column	Clues
1	4 2
2	4 7 8
3	2 3 1 1 4
4	2 3 1 1 4
5	4 7 5 2
6	4 2 2
7	2 3
8	4 8 3
9	4 7 7 2 5
10	2 3 1 1 2 1 3
11	2 3 1 1 2 1 3
12	4 7 7 2 5
13	4 8 3
14	2 3
15	4 2 2
16	4 7 5 2
17	2 3 1 1 4
18	2 3 1 1 4
19	4 7 8
20	4 2

Row	Clues
1	2 2 2
2	4 4 4
3	1 1 1 1 1 1
4	1 1 1 1 1 1
5	4 4 4
6	2 2 2
7	4 4 4
8	1 1 1 1 1 1
9	1 1 1 1 1 1
10	1 1 1 1 1 1
11	1 1 1 1 1 1
12	2 2 2 2 2 2
13	6 6 6
14	1 1 1 1 1 1
15	6 6 6
16	1 1 1 1 1 1
17	1 1 1 1 1 1
18	1 1 1 1 1 1
19	4 6 4
20	4 8 4
21	9 9
22	5 1 1 5
23	6
24	2 2
25	1 1
26	2 2
27	1 1
28	8
29	10
30	10

A35 현란한 동작으로 흔들어 만들어요

난이도 ★☆☆☆☆

20×30

				1	1	1					2								
				1	1	1			1	4	1								
				1	2	4			1	1	1	4	1			1			
		1	1	2	3	2	1	1	7	5	4	1	3		4	1	1		
	1	2	5	1	1	1	1	1	1	1	1	3	3	1	2	2	2	4	
3	2	1	1	1	1	2	17	17	2	1	2	1	1	6	1	1	3	2	7
1	1	2	3	1	1	1	1	1	1	1	1	3	2	1	1	1	1	1	1

			7
	2	1	2
	3	1	2
1	2	1	3
1	2	2	1
		16	1
	1	3	1
2	9	2	4
	3	3	2
			16
		1	8
		2	6
			8
		1	4
			5
			4
			2
			2
			2
			2
			2
			2
			20
			2
			2
			2
		2	3
3	1	1	3
		2	2
			10

A36 과거에는 이것으로 글씨를 썼어요

난이도 ★☆☆☆☆

20×30

Column clues (top to bottom):

Column	Clues
1	1 4
2	6 6
3	5 8
4	5 7
5	4 6 1
6	4 4 2 1
7	2 3 1 2 1
8	2 3 1 4 7
9	4 2 2 3 9
10	2 3 1 5 2 1 1 1
11	2 3 1 5 4 1 1 1
12	1 3 2 4 1 2 1 1 1
13	1 2 1 1 4 1 2 1 1 1
14	3 1 1 3 1 1 2 1 1 1
15	2 1 6 1 2 1 1 1
16	1 1 4 1 2 5 1
17	2 2 2 5 2
18	6 12
19	10
20	7

Row clues (left to right):

Row	Clues
1	7
2	2 2 2
3	2 2 1
4	2 2 2
5	2 1 5
6	1 1 2 1
7	2 2 4
8	1 2 5
9	2 2 2
10	2 2 5
11	2 1 3 2
12	2 2 3
13	2 1 3
14	2 2 6
15	2 1 6
16	2 1 3
17	2 2 4
18	1 1 4
19	1 2 2 8
20	4 2 1 3
21	6 10
22	4 12
23	2 2 4
24	3 9 3
25	9 1 3
26	2 2 1 3
27	3 2 1 3
28	2 9 3
29	2 2 3
30	1 10

A37 다리는 짧고 허리는 길어요

난이도 ★☆☆☆☆

30×20

열	힌트
1	17
2	4 14
3	1 2 13
4	2 1 6 1
5	1 2 1
6	1 2 1 2
7	1 1 5
8	2 1 4
9	1 2 4 1
10	1 5 1
11	2 3 2
12	3 5
13	2 7
14	2 2 2
15	2 1 2
16	1 7
17	1 2 2 1
18	1 2 1 1
19	1 1 1 1
20	2 1
21	2 2
22	3 3
23	4 4
24	15
25	6 6
26	7 6
27	7 5
28	8 5
29	8 5
30	8 5

행	힌트
1	3 3
2	1 5 1
3	1 2
4	3 2 1
5	1 1 1 1
6	1 1 21
7	2 7 11
8	3 2 2 9
9	3 8
10	3 7
11	3 7
12	3 2 1 5
13	4 2 1 3
14	4 1 2 1
15	5 1 1 1 3
16	7 1 5 7
17	4 3 3 2 8
18	4 3 2 4 9
19	3 3 6 10
20	30

A38 표정으로 티를 내면 안 돼요

난이도 ★☆☆☆☆

30×20

Column clues (left to right)

Column	Clue
1	20
2	7 11
3	6 9
4	6 2 7
5	5 2 4
6	5 2 2
7	5 3 1
8	3 4 5 1 1
9	3 9 2
10	3 2 6 2
11	2 2 6
12	2 2 1 2
13	2 3 1
14	2 5 2
15	2 11 2
16	1 7 1 2
17	1 6 4
18	4 3
19	1 2 3
20	1 2 2 3
21	1 2 4 3
22	1 5 2
23	1 5 2 2
24	2 2 5 2 2
25	2 4 2 2
26	2 2 2
27	2 5
28	3 9
29	3 14
30	20

Row clues (top to bottom)

Row	Clue
1	30
2	15 1 7
3	10 1 1 3
4	7 5 1
5	8 1 1 1 1 1
6	4 1 3 1 1
7	2 1 1 1 1 1 2
8	1 1 2 4 2 2 2
9	1 3 1 5 7 2
10	2 1 1 2 5 7 2
11	2 3 4 5 2
12	3 4 3 3 3
13	3 4 2 1 3
14	4 4 2 3
15	4 3 1 1 3
16	4 4 1 3 4
17	5 1 3 1 1 4
18	5 1 5 4
19	6 4 17
20	30

A39 배에 근육을 만들어요

난이도 ★☆☆☆☆

30×20

3 1
1 3 1
2 2 1
1 1 2 1
1 3 4 1
1 1 8 1
4 10 1
17 1
3 12 1
3 12 1
2 10 3
3 10 2
12 1
1 1 4 4 1
1 5 2 2 2
1 1 1 2 5
2 1 3 3 1
1 1 3 3 2
1 2 3 6
2 3 1 1 1 1
3 2 2 1 1 1
2 3 1 1
2 2 1 1
1 3 1 1
5 1 1
3 1 1 1
2 1 4
6
5 1
4 1

5
15
3 4 2 4
1 4 3 2
2 2 2 1 4 1
1 2 2 4 2
2 10 3
19
11 2 2
9 2 2
9 2 1 5
10 3 3
9 2 2 3
6 1 1 4 2
6 2 14
5 3 1 3
3 2 1 4
2 1 11
2 2 2 2
30

A40 도시락 주요 반찬이에요

난이도 ★☆☆☆☆

								2											
								1	1			4							
			3	5	1			1	2		4	1							
		3	5	1	4	2	1	1	1	2	3	1		4					
		1	1	5	5	3	2	1	1	1	4	4	4	2	4				
3		3	2	1	1	3	2	3	1	1	2	2	3	2	2	5			
5	7	3	3	2	1	2	3	1	1	3	2	2	5	6	2	9	6		7
3	8	2	2	1	1	2	1	1	2	4	4	4	5	6	17	7	19	30	21

30×20

4	9			
2	3	9		
2	12			
2	10			
3	4			
4	2	3		
3	2	2		
2	3	1		
2	1	1	1	
2	3	2		
2	3	2	2	
5	2	3		
3	4			
2	2	11		
2	3	3	9	
2	4	9		
2	14			
3	7			
6	2	6		
3	2	5		
1	3	5		
1	1	1	1	3
2	3	1	3	
4	2	5		
5	2	6		
3	7			
2	14			
2	4	10		
4	11			
2	12			

A41 배경에 따라 색이 바뀌어요

난이도 ★☆☆☆☆

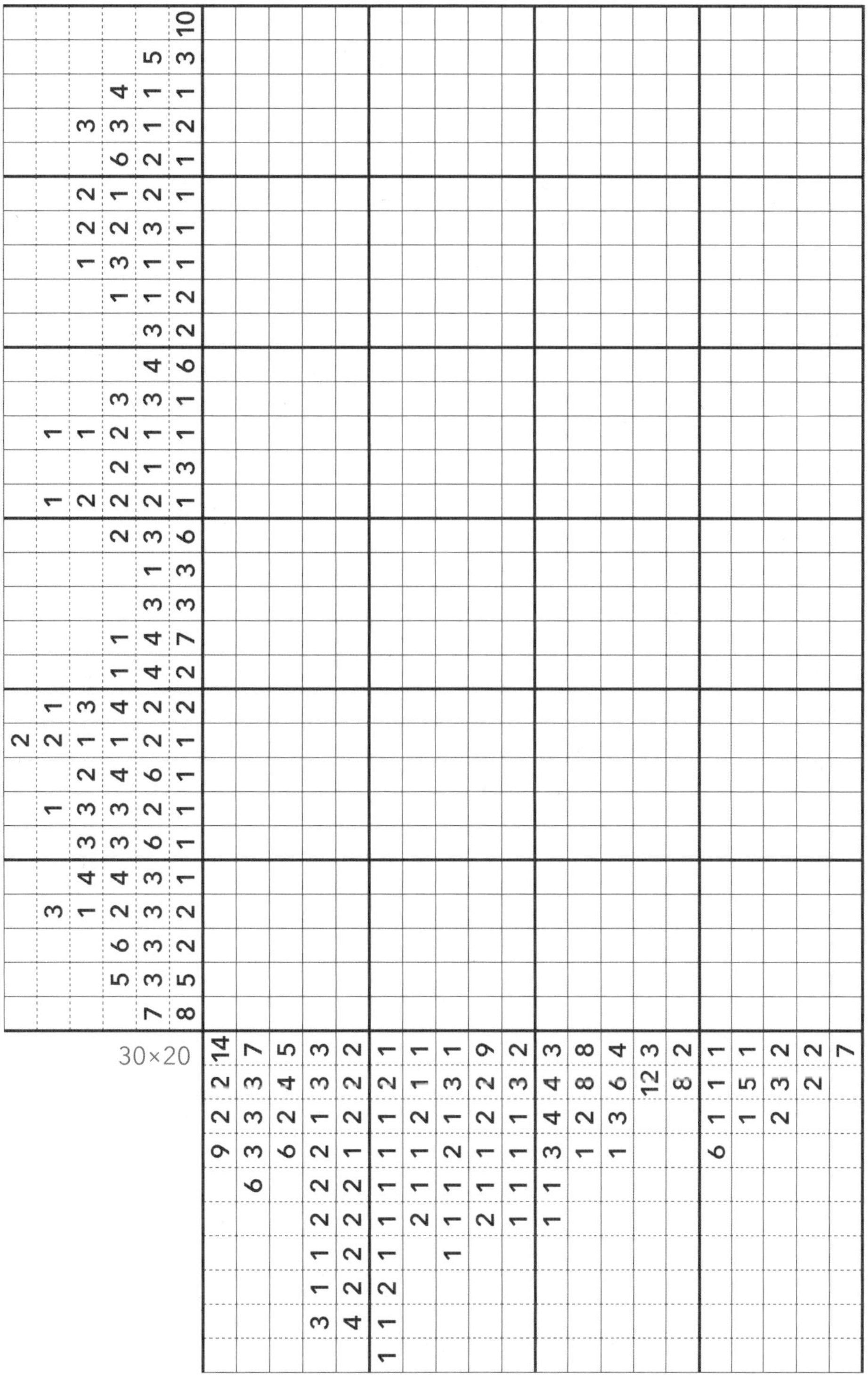

30×20

A42 집게가 커요!

난이도 ★½☆☆☆

30×20

						1		1											
						3	1	1											
						1	11	1	1										
	1	2				8	2	1	3	2						1			
	3	2			2	1	1	1	2	1			3	2	7	2			
1	2	1	3		1	2	2	1	1	3	3		7	1	2	2		2	
1	2	1	3	10	16	1	1	1	2	2	3	8	1	2	1	2	2	1	
1	1	1	3	14	2	1	3	3	1	1	1	5	2	2	1	2	9	2	10
3	2	1	10	1	3	1	1	3	2	2	4	2	1	2	4	6	9	13	15

6					
2	2				
2	1	3			
2	5	1	2		
2	2	1	1	1	2
6	2	2	1		
1	2	3	3	1	
2	1	4	1	1	1
4	2	2	3	1	
2	1	2	1	2	1
2	2	2	3		
2	3	2	3	1	
2	3	5	1		
2	1	3	2	3	
1	4	1	3		
2	7	4	1		
6	4	1			
2	4	1	2		
9	3	2			
2	4	2	2		
7	3	2			
2	3	5	2	3	
4	3	1	3		
2	4	1	3		
3	2	4			
6	4				
5	1	5			
1	6	5			
2	1	1	1	6	
8	7				

B43 범죄자에게 벌을 내려요

난이도 ★☆☆☆☆

30×30

Column clues (left to right, top to bottom):

Column	Clue
1	2 4 3
2	2 6 7
3	2 1 4 9
4	2 1 1 2 8
5	2 2 5 7
6	7 2 1 7
7	3 2 5 1 4
8	2 5 5 7
9	2 2 2 16
10	1 2 18
11	1 2 2 11
12	11 1 7
13	3 5 5
14	4 1 2 3 2
15	4 2 2 5
16	4 2 1 1 3 1 4
17	4 1 1 1 1 11
18	4 1 1 15
19	4 2 3 2 3
20	4 2 2 1 3
21	4 1 2 6
22	6 6 3
23	6 3 1 6
24	10 2 8
25	1 6 1 12
26	2 2 15
27	1 2 21
28	2 4 14
29	2 19
30	8 12

Row clues (top to bottom):

Row	Clue
1	9
2	18
3	2 13 3
4	2 15 2
5	1 3 5 2
6	2 2 1 6 1
7	6 2 1 3 3 3 2 1
8	6 1 1 2 2 2 1 1
9	1 1 1 2 1 1
10	1 1 1 2 2 2 1
11	8 1 2 1 1
12	2 3 1 2 3 2 1 2
13	3 1 2 2 1 1
14	3 1 10 1 1
15	3 3 5 2 2 3 1 1
16	10 2 4 1 4 1
17	1 4 1 1 2 4
18	1 4 2 3 1 4
19	7 7 6
20	2 4 1 2 1 6
21	2 3 1 2 1 6
22	3 4 4 2 6
23	11 3 1 7
24	6 5 5 7
25	6 5 4 8
26	12 3 8
27	12 2 8
28	11 2 9
29	4 6 1 9
30	6 1 9

B44 + B45 한쪽이 올라가면 한쪽이 내려가요

30×30

								4			2																		
					4			3			1																		5
			3	3	1	7	8	1	2	2	2	4					2		1				5				7	4	1
			2	2	1	2	4	1	1	5	2	3	2	2	3	3	2		2		3	5	1				4	5	1
	3	4	2	1	1	1	1	1	5	1	2	2	1	2	2	2	2	3	1	3	1	2	5			19	4	4	2
2	6	5	4	2	3	3	1	1	3	1	2	2	1	2	2	5	4	4	3	5	5	5	2	17	16	2	2	2	2
4	2	5	2	2	2	2	2	2	2	2	2	3	3	3	3	2	2	2	2	2	2	3	3	3	4	1	1	1	1

	3	6	1	1	2
		13	2	2	2
	9	1	1	2	2
2	4	2	2	2	3
	3	1	3	2	2
2	1	1	3	2	1
		8	2	5	1
2	2	1	2	4	2
	2	3	1	3	2
1	1	4	3	3	6
			1	13	7
	1	1	1	4	6
			3	5	4
		1	5	2	3
			1	3	4
			1	2	4
			2	2	4
				3	14
		1	2	3	9
			4	8	6
				4	16
			7	4	8
				3	4
					5
					0
					13
					27
					18
					4
					5

+

난이도 ★½☆☆☆

30×30

Column clues (top to bottom, columns 1–30):

1	2	3	4	5	6	7	8	9	10	11	12	13	14	15	16	17	18	19	20	21	22	23	24	25	26	27	28	29	30
	5																												
3	2						4									3		4	5				2	2					
1	2	3		2			4	2	1	1	2					1	3	2	1	4		7	2	2	3				
1	3	1	3	2	4		1	2	1	1	2	4		1	6	2	5	3	5	2		2	5	2	3				
6	2	12	4	5	4	4	2	4	4	5	4	8	2	2	2	1	3	1	1	2	7	2	1	3	4	3	2	3	
2	2	2	4	5	8	8	3	9	9	6	6	4	8	3	2	1	2	1	1	2	1	1	2	1	2	8	7	4	3
1	1	1	4	4	2	2	2	2	2	3	3	3	3	2	2	4	1	1	2	4	4	2	2	2	1	3	4	8	14

Row clues (rows 1–30):

Row	Clues
1	2 1 4
2	2 2 2 2
3	2 1 1 1 6
4	2 1 1 1 8 2
5	2 2 2 2 8 4
6	1 2 4 1 5 5
7	1 2 1 6
8	3 1 5
9	2 1 1 2 3
10	9 5 2
11	11 2 2
12	15 1 1 2
13	13 2 1 2 1
14	1 1 4 3
15	1 5 1 3 2 1
16	1 2 2 1 5 1 4
17	3 2 2 4 1 2 2 4
18	15 1 3 5
19	12 1 2 6
20	1 5 6 5 1
21	14 6
22	3 10 4
23	7 2
24	2 3
25	1 5
26	2 7
27	5 9 4
28	14 2 2 2
29	14 7 1
30	5 15

B46 + B47 옆구리 살을 빼요~

30×30

Column clues (left to right, top to bottom):

Col	Clues
1	2 5
2	4 6 2
3	5 4 3 1
4	11 2 1 1
5	6 3 3 2 2
6	4 2 6 6 1
7	4 2 4 5 2 1
8	3 2 2 5 1 1
9	3 2 1 5 2 1
10	2 2 1 6 1 1
11	3 4 1 6 3
12	3 2 3 6 2
13	3 4 7
14	7 1 10 2
15	14 3
16	13 1 1 1
17	1 10 1 1 1
18	1 7 4 1
19	2 5 2 1
20	1 2 4 1
21	2 5 1
22	2 2
23	3 4
24	2 4
25	7 2
26	2 5
27	1 7
28	13
29	14
30	14

Row clues (top to bottom):

Row	Clues
1	8
2	10
3	6 4
4	5 2
5	3 1
6	3 2 2 1
7	2 2 2 1
8	3 1 1
9	2 3 2
10	5 2 1
11	4 2 2 5
12	4 10 3
13	2 2 1 2 2
14	2 3 2
15	3 4 1
16	4 5 2 2
17	1 3 7 7
18	2 15 2 3
19	1 16 1 3
20	1 13 1 1 3
21	1 14 1 1 3
22	1 1 11 1 1 4
23	1 1 8 2 2 4
24	1 1 2 1 1 5
25	1 2 3 1 1 5
26	1 4 3 8
27	1 3 2 1 6
28	2 3 4 1 5
29	4 2 2 2 3
30	8 9

+

난이도 ★☆☆☆☆ (1.5 stars)

30×30

Column clues (left to right, top to bottom):

Col	Clues
1	15
2	16
3	17
4	17
5	10 7
6	9 7
7	9 7
8	8 6
9	8 6
10	8 6
11	7 5
12	2 2 5
13	2 1 5
14	1 2 5
15	1 1 2 1
16	1 2 1 1
17	1 1 1 1
18	1 2 1 1
19	1 2 1 1
20	2 1 1 1
21	1 2 1 1
22	2 2 1 1
23	1 2 1 1
24	3 2 1 1
25	2 3 4
26	2 2 1 1
27	1 1 1 1
28	3 1 1 1
29	4 2 1 2 1
30	5 5

Row clues (top to bottom):

Row	Clues
1	4
2	2 3
3	2 3
4	3 2
5	3 2 1
6	3 2 2
7	2 6
8	3 2
9	2 2
10	3 2
11	3 3
12	5 2
13	7 3
14	10 3
15	13
16	11
17	10
18	9
19	8
20	7
21	6
22	5
23	4
24	7
25	21 4
26	15 4 1
27	14 1 2
28	14 1 2
29	15 8 1
30	10 4 3

B48 목을 따뜻하게 보호해요

난이도 ★★☆☆☆

30×30

Column clues (left to right, top to bottom):

Col	Clues
1	3
2	3
3	12
4	4 4
5	3 3
6	2 3
7	1 1 2
8	2 5 2
9	4 1 9 2
10	12 1 1
11	10 2 1 1
12	6 2 2 2 1
13	6 3 1 5
14	4 2 2 2 1 1
15	3 2 1 2 1 1 1
16	2 2 2 1 1 1
17	3 3 2 1 6
18	4 2 1 3 2 4 2
19	4 2 2 2 2 2 1
20	6 6 2 2 1
21	10 1 2 1 1
22	8 2 5 1 2
23	3 3 9
24	3 1 2 2
25	2 3 2
26	3 1 3
27	9
28	3
29	3
30	3

Row clues (top to bottom):

Row	Clues
1	8
2	11
3	6 6
4	5 5
5	4 3
6	7 6
7	4 2 2 3
8	3 1 3
9	4 4 2
10	4 2 3
11	2 2 4
12	3 8
13	3 1 4 3
14	2 2 1 2
15	1 2 2 1
16	2 3 2 2
17	1 1 5 1
18	1 1 1 2
19	2 1 1 1
20	1 2 1 1
21	1 2 4 1
22	1 2 6 2
23	1 2 1 3 1
24	1 3 1 1 3
25	1 4 3 3 1
26	1 6 2 2 1
27	2 1 1 4 1
28	6 1 1 1 5
29	9 1 2 9
30	30

B49 얼굴을 다쳤어요

난이도 ★★☆☆☆

30×30

Column clues (top to bottom):

Column	Clues
1	1
2	1
3	4 4 1
4	4 6 2 2
5	2 1 1 2 2
6	2 2 1 1 3
7	1 1 3 3 3
8	2 2 5 9
9	1 11 4
10	1 2 10
11	1 11
12	1 3 5 2
13	1 3 1 4 2
14	1 4 2 4 2
15	2 3 2 1 4 3
16	1 3 2 3 4 2
17	1 2 3 3 2
18	1 3 1 2 2 1
19	1 6 4 1 4 1
20	1 12 2 1 2 1
21	1 9 2 1 2 1
22	1 12 4 1
23	1 2 1 3 2 2
24	2 3 2 3 3 3
25	1 5 3 3 5
26	1 3 1 3 3 2
27	1 3 8 1
28	3 10 1
29	3 2 5
30	7

Row clues (left to right):

Row	Clues
1	6 10
2	3 2 3
3	2 2
4	2 1
5	1 2
6	1 1 1
7	1 2 1 1 2
8	1 1 2 2 2 1
9	1 2 2 2 2 1
10	1 2 2 5 2 1
11	2 22 1
12	3 20 1
13	1 4 4 4
14	1 5 5 7 2
15	8 2 2 3 2 1
16	2 5 2 4 2 2
17	1 5 5 3
18	1 22
19	2 1 11 8
20	2 1 8 3 6
21	4 6 4 2
22	1 1
23	1 4 1
24	1 2 2 2
25	2 6 1
26	2 1 4 2
27	2 2 1
28	4 3 2
29	5 4 4
30	7 14

B50 우르르 쾅!

난이도 ★★☆☆☆

30×30

Column clues (top to bottom)

Col	Clues
1	8 2 3
2	9 4 3 3
3	10 2 2 4 2
4	11 2 2 2 1 3
5	10 2 4 2 1 1
6	11 2 3 2 3
7	13 2 1 2 3
8	11 3 2 3
9	10 2 1 2 3
10	13 1 3 2 2
11	7 3 6 5 1
12	6 2 1 4 2 2
13	5 2 2 3 1 2
14	5 3 2 2 3
15	5 1 3 1 1 4
16	5 2 2 5
17	3 1 1 5 2
18	2 1 2 2 2 3
19	2 2 4 3
20	2 5 5
21	1 2 2 7
22	2 1 3 3 5
23	3 3 4 2 3
24	2 2 2 2 3
25	1 1 1 2 2
26	1 3 2 2 3
27	1 1 3 3 3
28	1 1 3 4 3
29	2 2 2 2 2
30	9 3

Row clues (left to right)

Row	Clues
1	4 4
2	6 6 4
3	22
4	17 8
5	16 2 2
6	12 2 1 1
7	11 1 1
8	10 2
9	10 3
10	10 1
11	3 6 1
12	6 1
13	2 6 1 2
14	2 2 2 1 4
15	2 2 2 2 3 1
16	2 2 10 2
17	2 5 3 2 1 2
18	1 1 2 3 2 5
19	6 4 3 2 2
20	5 3 1 4 2
21	2 8 2 2 2
22	2 2 4 2 2 2
23	2 2 2 2 2 2
24	2 2 2 4 2 2
25	5 2 2 1 2
26	3 4 2 4
27	2 2 3
28	2 8 11 5
29	4 5 19
30	9 6 11 1

B51 하나 둘 셋 치즈~!

난이도 ★★☆☆☆

30×30

Column clues (top to bottom, left to right)

Column	Clues
1	8 5
2	2 8
3	5 2 6
4	9 1 4
5	11 1 2 2
6	14 2 2
7	9 2 2 4 1
8	8 2 2 3 2
9	10 2 3 1
10	6 5 1
11	5 1 4 2
12	5 3 2 2
13	4 6 4
14	4 3 1 5
15	3 2 1 1 4
16	4 3 1 1 3
17	6 1 1 1 1 1
18	1 1 1 5
19	2 9 4
20	1 10 8
21	1 3 3 2 5
22	1 2 7 12
23	3 5 2 2 3
24	6 3 2 2
25	1 1 4 2 2 2
26	2 8 3 2
27	2 3 6 4 3
28	6 2 3 1 7
29	6 1 6 5
30	2 6 5

Row clues (left to right, top to bottom)

Row	Clues
1	8 2
2	12 2
3	14 5
4	14 6
5	10 2 2
6	8 1 6 2
7	7 3 3 2
8	7 2 2 4 4
9	5 1 5 4 5 1
10	3 1 9 2 2 2
11	4 2 2 5 3
12	4 2 6 2 2 3
13	1 2 2 2 2 2 3
14	4 3 14 2
15	2 2 2 5 1 4
16	2 2 2 7 2 1
17	1 3 2 3 2 1 1
18	1 2 4 2 1 1
19	1 2 1 2 2
20	1 2 2 1 1
21	1 3 1 6
22	1 3 1 4 1
23	2 2 1 1 1 1 1
24	1 1 2 1 1 2
25	3 1 1 1 1
26	5 1 3 3
27	3 2 2 4 3
28	3 3 2 5 4
29	3 4 12
30	3 12

B52 부드럽고 달콤해요

난이도 ★★☆☆☆

30×30

												1	2		1	2	1												
				3	2	2	2	1	1		3	1	2	1	4	1	2							3					
		3		2	3	5	6	7	7	7	4	4	3	1	1	1	2				1		2	3		3			
	3	3	3	4	3	3	3	4	3	3	3	2	2	3	2	1	2	3	1	1	6	2	2	3	3	2	3		
3	4	4	6	2	3	4	3	3	3	2	3	3	3	2	4	3	3	2	4	5	4	4	3	3	6	3	6	3	3
1	2	3	8	3	2	1	1	2	1	1	1	1	2	3	1	8	6	11	5	6	5	13	8	2	3	2	3	4	1
4	4	3	3	3	2	2	2	2	2	1	1	1	1	4	2	1	1	1	1	2	2	3	3	3	7	3	3	4	4

		10	4	11
	8	3	3	8
	5	4	4	6
			8	6
		6	5	5
		6	1	7
9	1	2	3	2
	2	12	1	2
	1	8	1	1
	1	7	1	1
	2	2	1	2
		4	1	6
	7	2	4	2
2	8	4	3	1
	1	14	2	1
	1	12	1	1
	2	2	1	2
	2	1	1	5
	6	1	5	1
	10	4	4	2
1	14	1	2	2
2	12	1	1	1
2	7	2	1	2
3	2	2	1	2
	3	2	2	3
	5	1	2	3
2	9	1	1	2
		5	2	8
		10	2	10
				30

B53 1+1은 무엇일까요?

난이도 ★★☆☆☆

30×30

Column clues (left to right, top to bottom)

Column	Clues
1	7
2	21 3
3	2 1 2
4	5 2 1 1
5	9 2 2 1
6	11 1 1 1
7	6 4 1 5 2
8	9 6 11
9	7 2 2 1 4 2
10	7 1 1 1 3 1
11	5 3 1 1 1 5 1
12	5 3 2 1 1 1 5 2
13	5 1 2 3 1 3 1
14	4 1 1 2 2 8
15	4 4 2 3 1
16	3 3 3 2 8
17	4 1 2 1 1 8
18	11 2 1 10
19	8 2 1 8
20	4 3 8
21	1 2 7
22	1 1 1 1 8 1
23	1 1 1 1 3 1 1
24	1 1 1 1 5 1 1
25	1 1 1 1 2 2 2 1
26	1 1 1 5 1 2 1
27	1 1 4 2 1 4 1
28	1 5 1 4 2 1
29	4 2 1 2 2 1
30	4 6 2 1

Row clues (top to bottom)

Row	Clues
1	1 9
2	1 13 8
3	1 15 1
4	1 11 3 6 1
5	1 10 4 2
6	1 7 3 2
7	1 10 6 2
8	1 3 1 2 2 3 5 2
9	1 3 1 2 2 2 2
10	1 3 2 2 4 2
11	1 4 1 3
12	1 3 3 2 3 2
13	1 3 2 2 3 1
14	1 3 2 1 2 1
15	1 4 8 1 5
16	1 2 2 2 2 2 1 1
17	3 5 2 3 2
18	2 1 2 5
19	1 7 7 1
20	1 1 3 2 1
21	2 6 1 4 1 2
22	1 16 1
23	1 8 7 5
24	1 3 3 4 7 6
25	1 4 2 1 10
26	1 1 1 6
27	2 1 1 15
28	1 2 3 6
29	2 6 3 1
30	5 1

B54 운동을 열심히 하고 얻은 것이에요

난이도 ★★☆☆☆

30×30

Column clues (top to bottom, columns 1–30):

Column	Clues
1	24
2	3 4 9
3	2 1 4
4	1 2
5	2 1
6	1 3
7	1 8
8	1 5 11
9	2 6 11
10	3 4 2
11	4 3 2 2
12	4 2 3 2 2
13	5 2 2 3 1
14	1 3 1 2 2 2 1
15	2 2 1 1 1 2 1
16	1 1 1 1 1 2 1
17	1 2 2 1 1 2 1
18	1 2 2 5 2 1 1
19	2 6 3 7 1
20	1 2 2 1 1 3 1
21	3 1 1 1 1 1 1
22	4 1 1 1 1 2 1
23	3 1 2 2 2 1
24	1 1 2 2 3 1
25	2 11 2
26	2 4 3 6
27	1 2
28	2
29	3 5 2
30	22

Row clues (left to right, rows 1–30):

Row	Clues
1	5 4
2	5 5 2
3	10 2
4	3 6 2
5	2 5 4
6	1 2 4 4
7	2 1 1 2
8	1 2
9	1 2
10	1 1 1 1
11	2 2 1 1
12	2 2 1 1 1
13	3 3 1 1 1
14	2 4 2 1 1
15	1 7 4 2 1
16	1 1 8 6 2
17	1 1 1 1 2
18	1 3 2 2 2 2
19	1 4 4 2 3 2
20	1 4 12 2 2
21	1 3 1 2 1
22	2 3 2 1 3 1
23	2 2 3 2 3 1
24	2 2 11 1 1
25	2 2 1 2 1
26	2 2 1 2 1 1 1
27	3 2 4 6 2 1
28	3 2 6 3 2 1
29	4 4 2 2
30	4 18 1

B55 단O지, O다리, O생채, O나물

난이도 ★★☆☆☆

30×30

Column clues (left to right, top to bottom):

Column	Clues
1	5 2
2	4 2
3	5 3
4	3 3
5	2 3
6	2 2
7	2 1
8	4 1 1
9	5 1 1
10	6 2 1
11	5 3 1
12	2 4 2 2
13	3 4 2 2
14	4 3 2 3
15	4 4 1 3
16	3 6 4
17	3 6 5
18	5 4 6
19	4 2 7
20	6 2 9
21	11 2 6
22	4 12 6
23	11 5
24	3 3 5 5
25	2 6 3 2 4
26	8 3 4 3
27	7 3 4 3 2
28	6 4 8
29	3 6 7
30	5 5

Row clues (top to bottom):

Row	Clues
1	6 4
2	7 5
3	10 4
4	2 4 6
5	4 5 5
6	6 3 4 5
7	10 3 3
8	11 3 3
9	4 5 1 3 2
10	2 4 4 4
11	11 6
12	3 11
13	2 6 2
14	1 3 2
15	2 6
16	4 7
17	2 2 4
18	2 2 5
19	2 2 3
20	1 1 4
21	2 2 4
22	1 2 4
23	3 1 2
24	3 2
25	3 5
26	2 8
27	1 10
28	3 13
29	6 16
30	27

B56 골이에요~ 골!

난이도 ★★☆☆☆ (2.5)

30×30

Column clues (top to bottom):

Col	Clues
1	2 10 4
2	2 2 4 4
3	2 2 1 1 2 1 2
4	2 1 1 1 2 4
5	2 1 6 1 4
6	2 6 3 2 4
7	2 3 1 1 3
8	2 2 2 4
9	2 1 3 4
10	2 8 4
11	1 6 8 1 2
12	11 8 4
13	4 2 2 9 4
14	5 2 2 1 7
15	3 3 3 4 3
16	3 4 2 2 2
17	4 3 2 2 2
18	5 2 3 4 3
19	5 2 2 1 2 3
20	5 1 2 4 2
21	6 2 2 1 2 2
22	9 2 2 5 1
23	6 3 2 4 1
24	14 2 1
25	1 8 2 3 2
26	2 6 1 5 2
27	3 2 8 3
28	3 12
29	3 10
30	3 14

Row clues (left to right):

Row	Clues
1	11 9 6
2	10 13 5
3	15 4
4	3 4 10
5	2 1 4 9
6	2 2 2 6
7	1 2 4 3 5
8	1 5 5 2 1 3
9	1 2 1 2 1 3
10	1 4 1 2 3
11	1 1 1 4 2
12	1 1 2 4 3
13	1 2 2 2 2 2
14	1 1 2 2 4
15	2 3 6 2 2
16	1 11 3 2
17	1 4 5 4
18	2 4 4 5
19	2 4 2 2 5
20	3 4 2 1 1 6
21	8 1 1 6
22	6 1 2 7
23	5 2 4 4
24	2 2 2 4
25	1 2 1 3
26	1 1 1 2 1
27	14 2 1 1
28	2 7 4 1 2 1
29	15 3 2 1
30	6 8 6 1

B57 누군가를 지켜 줘요

난이도 ★★½☆☆

30×30

Column clues (left to right, read top to bottom)

Column	Clues
1	17 7 1
2	16 3 2 1
3	8 2 1 1
4	6 9 1 1
5	5 3 2 2 2 1 1
6	2 2 1 1 1 2 1
7	11 2 1 3 1 1
8	12 5 2 1
9	10 1 2 2 1
10	2 4 2 1
11	2 2 8 1
12	5 3 2 9
13	9 4 1
14	7 3 5 2
15	4 3 2 2
16	4 1 2 2 2
17	3 2 3 4 5
18	3 1 1 8 5
19	3 2 8 4
20	3 5 2 2 2 1
21	3 2 2 1 2 2
22	3 1 4 1 2 1
23	9 7 4
24	1 2 5 6
25	12 4 2 4
26	12 2 1 3
27	13 1 1 2
28	13 2 5
29	14 2 4 2
30	14 7

Row clues (top to bottom)

Row	Clues
1	5 3 9 7
2	5 3 11 6
3	5 3 11 6
4	5 3 5 1 6
5	5 3 3 1 6
6	4 3 3 3 4 6
7	3 4 3 1 2 1 6
8	3 5 2 1 1 6
9	2 1 3 2 2 1 6
10	2 7 2 3 2 6
11	2 1 3 2 2 1 7
12	2 2 2 2 3 2 7
13	2 3 1 10 4
14	2 1 3 4 4 2
15	2 2 2 2 6
16	2 4 3 4 4 2
17	1 1 3 10 3 2
18	3 5 4 3 1
19	2 4 2 7 1
20	1 1 1 4 1
21	2 2 2 1
22	1 1 2 1
23	1 1 4 2
24	1 3 2 3 1
25	1 4 2 3 1
26	1 2 2 3 4 2
27	2 3 2 5 3 1
28	5 2 3 4 1
29	1 3 6
30	12 3 6

B58 묵은 먼지를 털어내요

난이도 ★★☆☆☆

30×30

Column clues (left to right, top to bottom):

Column	Clues
1	12
2	14
3	4 1
4	13
5	17 2
6	2 2
7	17 1
8	2 1 1
9	5 3 2 1
10	8 1 3 1
11	5 2 1 3 1
12	5 2 1 1 2 2 1
13	4 3 1 2 2 4 1
14	5 2 1 3 2 2 1
15	5 2 1 1 1 2 1 1
16	6 1 1 1 2 1 1
17	6 1 1 2 2 1
18	5 3 2 5 1
19	7 1 3 3 1
20	7 8 1
21	5 1 2 1
22	3 2 2 1 1 1
23	2 2 3 1 2 1
24	1 1 7 2
25	2 2 1 2
26	3 1 5
27	16 7 1
28	4 1
29	30
30	14

Row clues (top to bottom):

Row	Clues
1	1 1 1 1
2	1 1 6 1 1
3	1 1 10 3 1 1
4	1 1 11 2 3 1
5	1 1 12 1 2 1
6	1 1 4 7 2 3 1
7	1 1 3 5 3 1 1
8	1 1 2 1 1 3 1 1
9	1 1 1 1 1 5 1 1
10	1 1 1 1 1 3 1 1
11	1 1 1 2 5 1 1
12	1 1 8 2 1 1
13	1 3 2 1 1
14	1 4 2 1 1 1
15	3 10 5 1
16	5 2 2 1 3
17	4 3 1 1 3
18	3 2 1 1 3
19	4 4 5 4
20	2 1 1 1 1 1 1 2
21	2 1 4 2 2 1 2
22	2 1 2 5 1 2
23	2 1 7 1 2
24	2 1 2 3 1 2
25	2 1 1 2 1 2 2
26	2 1 1 2 1 1 2
27	4 2 2 5
28	2 2 4 2 2
29	2 2 3 2
30	2 19 2

B59 점프를 잘해요

난이도 ★★½☆☆

30×30

Column clues (top to bottom)

Column	Clues
1	4 2
2	2 1 2
3	1 2 2
4	1 1 2
5	13
6	1 2
7	1 4 2
8	1 2 1 2
9	5 6
10	1 1 1 2
11	2 2 2 1 1 3
12	4 3 1 10
13	1 4 1 1 1 1
14	2 3 3 1 1 1
15	4 1 2 1 3 1
16	4 1 4 10
17	4 3 2 1 1 1
18	4 3 2 1 1 1 2
19	5 2 1 3 2 1
20	8 2 1 1 1 1 1
21	6 4 1 1 1 2
22	5 1 2 1 1 2
23	5 3 4 1 1
24	6 1 5 2
25	5 5 2
26	5 5 3
27	4 1 10
28	3 2 16
29	3 2 2 3 2
30	1 2

Row clues (left to right)

Row	Clues
1	6
2	10
3	13
4	17
5	2 13
6	1 2 2 5
7	3 1 3
8	2 3 2
9	1 2 3 2
10	2 1 2 3 2
11	2 2 2 1 4
12	7 2
13	1 2 4
14	2 3 4
15	3 3 3
16	10 2
17	6 1 7
18	7 8 4
19	4 1 1 3
20	2 1 1 1 5 3
21	1 1 1 8 3
22	1 3 5 1 2
23	3 1 2 1 1 2
24	1 1 1 1 2
25	1 1 4 1 2
26	1 3 1 1 1 1
27	1 1 1 1 3 1
28	1 1 2 1 2 1
29	12 1 4 3
30	18 3

B60 앞니로 먹어요

난이도 ★★★☆☆

30×30

Column clues (left to right, top to bottom):

Column	Clues
1	3 3 13 6
2	20 2 4
3	9 3 5 1 3
4	5 6 11 3
5	2 8 5 5
6	8 3 3
7	4 5 2 2
8	4 3 1
9	4 2 1
10	3 1
11	2 1 2 1
12	2 2 1 1 2 1
13	1 3 1 2 1 1 2
14	1 2 3 2 1 1 1 3
15	1 4 1 4 2 6
16	1 3 1 1 7 3
17	1 1 3 1 1 3 2 1
18	2 1 2 1 4 1 3 1
19	2 2 3 1 4 1 1 1
20	5 3 2 1 2 3 1
21	2 1 1 1 4 2 1
22	1 3 2 5 3
23	1 2 4 4 2 1 2
24	1 2 4 4 1 1
25	1 2 3 2 1
26	2 1 4 2 2
27	1 1 5 1 3
28	2 2 5 1 4
29	4 6 6
30	6 5

Row clues (top to bottom):

Row	Clues
1	1 3 7 6
2	6 2 4 3
3	4 1 2 2 2
4	6 1 1 1
5	7 2 1 1 1 1
6	3 3 1 2 2 3 2
7	7 1 6 2 4
8	5 2 3 2
9	6 1 2
10	2 2 1 1
11	5 2 4 4 1
12	4 1 3 3 2
13	3 1 2 2 1
14	2 1 3 1
15	2 2 1 1 1 2
16	4 2 8 2 2
17	9 1 1 2 5
18	7 5 8
19	6 4 4 7
20	5 3 1 1 7
21	2 2 2 2 2 4
22	1 2 4
23	1 8 2
24	3 2 2 3
25	2 1 4 6 2 1
26	1 2 2 1 1 1 4 2
27	2 1 1 1 2 2 3
28	6 4 2 4
29	7 4 2 5
30	30

B61 많은 물건을 만들어 내요

난이도 ★☆☆☆☆ (1.5/5)

35×35

Column clues (top to bottom)

Column	Clues
1	18
2	4 1
3	3 3 3 1
4	4 3 1 1 1 1 1
5	4 12 1 1 1 1 1
6	2 1 2 3 3 3 3 1
7	2 4 3 3 1 1 1 1 1
8	2 1 11 1 1 1 1 1
9	3 2 3 3 3 1
10	2 2 3 1
11	1 2 2 3 1
12	1 5 9 1 6
13	1 2 3 1 1 1
14	2 1 3 1 1 1
15	3 2 3 5 1 1 1
16	4 1 3 1 1 1 1 6
17	2 11 1 1 1 1 1
18	1 2 2 3 5 1 1 1
19	2 4 2 3 1 1 1
20	3 1 11 1 6
21	2 2 4 3 1
22	2 3 4 2 1
23	1 3 3 5 1
24	1 2 7 1 5
25	1 1 3 4 1 3 1
26	1 13 1 1 7
27	2 2 2 3 1 1 5 1
28	3 4 2 3 4 5 1
29	2 3 11 1 1 7
30	1 2 4 1 1 5 1
31	1 2 3 4 7
32	1 2 4 4 1
33	2 3 4 2
34	7 14
35	5 4

Row clues (left to right)

Row	Clues
1	6 6
2	2 3 3 7
3	3 7 2 2
4	4 2 2 1 2
5	2 1 2
6	1 1 1 2
7	2 2 3 1 2
8	2 2 6 2 3
9	1 2 2 4 1 7
10	1 4 3 1 1 1 3
11	2 4 4 4
12	1 1 4 4
13	4 1 1 1 1
14	4 4 4
15	1 1 4 4
16	4 3 1 1 1 1
17	4 6 1 3 1
18	2 4 7 1 4 1
19	5 1 1 7 7
20	6 1 1 6 1 7
21	8 1 6 6
22	1 6 1 4 4 6
23	1 6 1 1 3 4
24	1 4 4 7 3
25	1 1 1 1 1 1 2
26	1 7 4 1 1 1 1
27	1 1 1 1 7 1
28	1 7 11 1
29	1 1 1 9 1
30	1 7 11 1 7 1
31	1 1 1 1 1 1 1 10 1
32	1 7 1 1 1 11 1
33	1 1 1 1 11 1
34	1 1 1 1 1 1 1 1 2
35	34

B62 핸드폰을 보는 사람도 졸고 있는 사람도 있어요

난이도 ★☆☆☆☆

35×35

Column clues (top to bottom, columns 1–35):

											1												1			1	1							
				2				1			1									1	1	1	1	1	1	1	1							
				1	1			1	1	1	4		1							1	1	1	3	1	1	2	3							
			1	1	1	1		4	1	1	1		1					1	1	5	6	4	1	3	3	1	1							
			1	2	4	1	1	1	3	3	2		4	1				1	1	3	1	1	1	1	1	1	2	1	2	1				
		13	1	1	1	7	1	1	1	7	5	1	1	1	1		1	2	2	1	1	3	1	1	1	4	1	1	1	1				
		4	1	1	1	4	4	1	3	1	1	1	4	2	1		1	3	1	1	1	1	1	5	1	1	2	8	4	2	12			
12	14	3	4	2	1	1	2	1	2	2	2	7	1	1	3	1	14	4	4	2	1	1	1	2	1	1	1	5	11	12	11	5		
1	1	1	1	1	1	2	6	1	1	1	1	6	1	1	2	1	1	1	1	1	5	1	1	1	10	2	2	5	3	1	1	1		
1	1	1	1	1	7	3	3	3	9	1	1	7	3	3	3	19	2	1	1	1	1	1	1	1	1	4	1	1	2	1	1	1	9	3

Row clues (rows 1–35):

1	26
2	2 2
3	1 1
4	30
5	1 1
6	1 5 1
7	1 7 6 1
8	1 9 8 1
9	1 4 3 6 3 1
10	1 2 2 3 2 1
11	1 2 1 3 2 2 4 1
12	1 1 1 2 2 1
13	1 4 2 4 2 1
14	2 5 2 2 6 2
15	2 1 1 1 2 3
16	1 1 3 1 1 3 1 1
17	2 1 1 4 3 1 1 3 2
18	2 4 3 3 5 2 3
19	2 1 2 1 2 3 3
20	3 1 5 3 1 4
21	10 2 9 5
22	3 1 2 3 7
23	3 7 2 4
24	2 2 6 13
25	2 2 1 5 2 5
26	4 2 4 2 5
27	5 3 5 2 5
28	6 4 6 1 6
29	1 1 1 1 1 1 2 1
30	6 4 6 1 6
31	1 1 1 1 1 1 2 1
32	1 1 1 1 1 4 1
33	5 5 5 2 1
34	22 1 4
35	4 5 7

B63 포탄을 멀리 쏴요!

난이도 ★★☆☆☆ (1.5)

35×35

Column clues (top to bottom, left to right)

Column	Clues
1	3 3
2	3 5
3	5 5
4	5 5 5
5	1 17 5
6	1 13 7
7	1 2 8 6 4
8	2 2 6 4 1 2 2
9	6 3 5 1 3 2
10	6 1 2 4 1 3 1 1
11	8 3 3 5 1 1
12	1 6 5 2 4 3 1
13	2 5 6 1 3 2 1 1
14	4 2 12 2 1 1
15	6 1 1 5 3 1 1
16	3 4 4 1 2 7 1
17	4 4 8 2 1 1 1
18	3 5 6 2 8 1
19	3 5 5 6 1 2 1
20	3 6 2 4 3 1 1 2
21	3 7 1 4 1 1 1 4 1
22	2 8 4 1 1 2 2 1
23	3 9 3 1 1 2 1 2
24	2 11 3 1 1 3 2
25	2 12 2 1 4 2
26	2 14 5 2
27	2 12 2 3
28	15 8
29	1 12
30	1 10
31	2 7
32	3 5
33	3 2
34	3 1
35	3

Row clues (left to right, top to bottom)

Row	Clues
1	3
2	3 1
3	7 2
4	5 3 1
5	4 7 5 2
6	2 8 8 1
7	1 10 10 2
8	2 3 5 12 1
9	7 2 15 2
10	1 6 19 1
11	3 5 21
12	5 5 17
13	5 21
14	6 3 10
15	7 6 6
16	6 3 6 4
17	4 5 5 2 2
18	4 5 4 4 1
19	4 1 5 3 4 1
20	4 3 4 2 3 2 1
21	5 4 3 1 3 1 1
22	5 6 7 1 1
23	3 1 9 9 1
24	1 1 1 2 1 1 1
25	1 8 2 8 1
26	1 1 5 3 2 1
27	1 1 4 4 3 1 1
28	1 5 3 2 4 2
29	1 4 2 1 1 2 2 1
30	2 1 2 1 1 2 1 2
31	7 3 1 1 3 2
32	9 2 1 4 2
33	7 2 6 2
34	6 2 4
35	4 8

B64 보호 장비를 해야 해요

난이도 ★☆☆☆☆ (1.5/5)

35×35

열	힌트
1	5 1
2	4 2 2 1
3	2 3 2 3 3
4	3 1 6 2 2
5	1 1 1 3 2 2
6	1 1 1 2 2 2 2
7	1 1 1 2 2 1 3
8	2 1 1 2 1 2 1
9	1 1 1 1 3 1
10	1 1 1 2 3 1
11	2 1 2 1 1 2 1
12	1 1 1 1 2 3
13	4 1 1 1 2 2 2
14	4 2 1 3 1 2 2 2
15	4 4 1 3 2 3 2
16	2 1 1 2 1 3 3 2 3
17	1 1 1 1 2 4 3 1 2 1
18	1 1 2 1 6 3 3 1
19	6 1 2 5 1 2 3 1
20	4 3 5 3 2 2 1 2 1
21	4 9 1 2 2 2 3
22	4 1 12 3 1 2 2
23	3 1 8 2 3 1 2 2 2
24	3 2 7 2 1 2 1 2 2 2
25	3 1 3 2 1 1 2 3
26	6 2 3 1 1 2 1
27	5 3 4 1 3 1
28	4 3 4 1 1 2 1
29	5 7 3 1 2 1 3
30	5 10 1 2 2 2
31	5 7 3 2 2
32	6 4 2 2 2
33	5 2 3 3
34	2 2 1
35	5 1

행	힌트
1	9
2	14
3	2 12
4	1 4 5
5	1 3 5
6	3 2 3 2
7	1 5 2
8	1 4 1
9	5 4 1
10	1 6 1
11	1 6 2
12	3 6 1
13	2 9 2
14	1 6 3
15	1 4 4
16	7 2 5
17	4 3 1 2 6
18	5 3 1 2 1 4
19	2 6 2 5
20	6 4 5 4
21	1 4 4 2 2
22	5 7 3 4 1
23	2 5 4 5 4 2
24	2 5 5 4 1
25	7 2
26	6 24
27	4 7 1 2
28	2 1 2 2 3 2 2 1 2
29	1 2 2 2 2 2 2 1
30	1 1 5 7 4 1 1
31	1 5 2 5 2 5 1 5 1
32	2 3 4 3 4 3 3 3 2
33	2 2 2 2 2 2 2 2
34	5 5 5 5
35	35

B 65 보름달이 뜨는 날 변해요

난이도 ★★☆☆☆

35×35

							1														1										1			
					2		2	2			1	1								1	3	1	1	1					1	2	4			
	1		4	5	2	3	3	3	2	1	2	4							1	13	7	2	1	8	2			4	3	2	2	3	5	1
5	2	7	2	4	3	5	2	5	4	4	8	16	1	3	4		1	1	14	4	2	8	8	2	6	2	2	3	5	3	1	3	2	3
1	5	3	2	2	1	1	2	1	6	7	8	3	20	19	17	26	26	26	9	3	3	3	3	4	1	6	5	2	1	2	2	3	4	13
11	3	3	2	1	2	2	3	3	5	4	3	4	8	8	7	3	3	3	3	4	5	10	9	3	3	4	5	3	3	2	2	2	1	1

1	1	1	1	13	2	4
1	4	3	3	5	1	2
	1	3	3	5	3	4
			8	2	4	6
	3	2	3	5	3	2
		1	3	3	6	4
			4	12	1	1
				2	10	2
				3	8	1
				1	11	1
				1	13	1
				1	14	1
				1	14	1
				1	14	1
				1	15	1
			1	1	17	1
	1	1	1	15	5	1
			1	18	5	1
	1	9	7	4	1	1
1	3	8	3	1	1	1
			1	11	6	1
			2	14	5	1
		1	12	4	4	1
		1	7	5	2	1
			1	5	4	1
			1	5	7	2
			2	6	8	1
			2	7	8	2
			2	5	3	2
			2	3	3	3
			3	3	3	2
			2	4	4	2
						23
						29
						30

B66 목을 빼고 기다려요

난이도 ★★☆☆☆

35×35

Column clues (top to bottom)

Column	Clues
1	35
2	16 1 12
3	14 1 2 12
4	14 1 1 12
5	1 1 2 1
6	1 1 1 1
7	14 1 2 12
8	1 1 1 1
9	1 1 2 1
10	1 1 1 3 2
11	14 1 1 14
12	7 2 2 5
13	7 1 1 4
14	1 1 3
15	2 4 2
16	6 2
17	3 1 1
18	2 2 6 2 2 3
19	2 2 2 2 2 1 4
20	6 2 1 7 1 4
21	2 3 2 2 1 4 8
22	1 4 2 3 4
23	1 1 2 3 11
24	1 5 1 1 14
25	1 2 1 4 4
26	2 5 2 3 4 4
27	1 6 1 2 7
28	2 3 1 2 2
29	1 1 3 4 2
30	1 2 7 6
31	2 2 6 3
32	3 2 4 3 6
33	4 4 5 13
34	5 8 10
35	17 6

Row clues (left to right)

Row	Clues
1	4 1 1 6 7
2	4 1 1 2 3 5
3	4 1 1 1 3 3 4
4	4 1 1 5 1 2 3
5	4 1 1 7 2 2
6	4 1 1 8 2 1
7	4 1 1 2 5 1 1
8	4 1 1 2 2 5 1 1
9	4 1 1 2 2 8 1
10	4 1 1 1 2 4 2
11	4 1 1 2 1 3 2
12	4 1 1 1 1 3 2
13	4 1 1 4 3 3
14	13 3 4 3
15	2 2 1 1 4
16	13 2 2 3 4
17	1 2 5 3 1 4
18	3 5 5 1
19	1 3 3 4 2 3
20	1 3 4 2 1 6
21	1 1 3 1 3 3
22	1 3 1 4 3 2
23	1 3 1 2 2 2
24	11 1 1 2 2
25	4 1 3 2 1 2 2
26	4 1 5 1 2 1 3
27	4 1 1 1 1 2 1 2
28	4 1 1 2 2 2 1 2
29	4 1 1 3 1 2 2 2
30	4 1 2 4 2 1 3
31	4 1 3 1 2 1 3
32	4 1 4 9 3
33	4 1 5 10 3
34	4 1 5 10 3
35	4 1 1 10 3

B67 속이 더부룩해요

난이도 ★★☆☆☆

35×35

Column clues (top to bottom):

Column	Clues
1	1 1 10
2	20
3	1 1 7 1
4	1 1 5 1
5	1 1 3 1
6	1 3 6
7	6 1 3 2
8	1 1 2 2 1 1
9	1 6 3 1 1
10	4 1 2 6 1 1
11	6 2 1 1 2 1 1
12	11 4 3 2
13	4 7 7
14	4 1 2 3 3
15	3 3 1 3 3
16	3 3 2 3 3
17	2 2 2 1 2 2 4 3
18	2 1 2 3 2 3 5
19	2 1 2 2 1 1 2 4
20	2 2 2 3 2 2 1 1 2
21	2 3 1 2 2 1 1 1 2
22	3 3 2 3 2 1 2
23	3 1 1 3 3 2
24	4 3 3 1 2
25	9 7 3 4
26	6 2 1 2 6 2
27	8 1 2 1 3
28	1 1 12 1
29	12 1 7 3 1
30	1 5 2 1
31	1 1 2 1 2
32	9 1 1 3 1 2
33	9 1 1 1 3 3
34	9 1 1 1 4 5
35	9 1 22

Row clues (left to right):

Row	Clues
1	11 1 4
2	15 1 4
3	6 5 1 4
4	4 4 1 4
5	3 3 1 4
6	2 1 1 3 1 4
7	2 4 4 3 1 4
8	3 2 2 1 1 1 4
9	1 1 2 2 1 1 1 4
10	1 1 2 1 1 1
11	3 2 1
12	3 4 2 7
13	1 4 2
14	14 12
15	1 1 5 4 1 1
16	1 1 4 7 3 1 1
17	1 1 2 3 3 7 1
18	1 3 3 2 2 3 3 1
19	7 1 4 4 1 5
20	1 1 1 2 2 1 1 1
21	1 2 1 2 2 1 2 1
22	1 1 2 2 2 2 1 1
23	1 2 1 3 2 3
24	4 2 1 1 2
25	4 3 3 1 2
26	4 2 1 1 2 2
27	4 4 3 2 2 5 1
28	3 2 2 2 3 5 1
29	3 2 2 3 1 1 1
30	3 8 1 4 1 1 1
31	2 1 1 2 1 1 2
32	2 1 1 4 2 1 2
33	6 7 1 2 3
34	2 16 5
35	29

B68 + B69 선생님! 얘 자요!

35×35

Column	Clues
1	7 5
2	7 5
3	8 11
4	6 7 3 2 3
5	15 2 1 2
6	14 2 1 1
7	8 2 3 1 3 1
8	11 6 4 4
9	9 5 1 4
10	9 5 4 4
11	7 10 2 2
12	8 3 1 2 1 2 1
13	8 3 2 1 2 1 1 2
14	8 3 1 1 3 1 2
15	5 1 1 1 1 2 2 2
16	7 2 1 1 1 2 1 2
17	8 2 1 3 5 2
18	6 3 3 2 3 2
19	6 3 3 7 2
20	7 7 3 1
21	8 5 3 1
22	12 2 3
23	9 1 1
24	2 8 1
25	2 9 1 2
26	2 2 9 2
27	8 2 6 1 2
28	2 2 2 1 2
29	1 2 3 2 2
30	1 1 1 2 2 2 2
31	2 1 3 5 2 1
32	1 3 2 2 4
33	8 4
34	5 3
35	2

Row	Clues
1	4
2	6 3 2 3
3	13 1 2
4	16 1 5
5	18 1 3
6	19 1 5
7	11 8 1 1 2
8	11 2 4 2 1 1
9	7 3 2 4 4 2
10	7 3 2 4
11	6 2 2 5 2
12	3 1 2 2 3 2
13	2 1 2 2 2 2
14	4 2 2 2
15	7 5 1 2
16	8 1 1 2 1
17	6 2 1 1 1 2
18	5 3 3 2 2
19	5 7 3 2
20	4 5 9 2
21	3 7 4 1
22	2 8 1 2
23	2 1 1 4
24	1 1 1 1 2 4
25	2 1 1 2 1 4
26	1 1 1 2 1 4
27	1 10 1 4
28	1 2 2 1 4
29	1 1 1 1 1 1
30	2 1 4 8
31	7 2 4 3 2
32	3 9 2 2 4
33	4 4 2 4
34	5 4 7 1 6 4
35	35

+

난이도 ★★☆☆☆

35×35

Column	Clues
1	5
2	4 5
3	3 7
4	2 6
5	2 5
6	5 1 5
7	5 3 2 2 1 3
8	10 3 2 2
9	14 3 4 1
10	13 1 3 4
11	16 1 3 1 3
12	17 1 3 1 2
13	13 1 4 1 1
14	11 6 3 1
15	10 4 5 2
16	11 1 5 4 1 2
17	9 1 1 4 2 1 2 2
18	9 1 1 3 2 1 1 2
19	8 1 1 2 2 1 1 2
20	10 2 2 1 1 2
21	10 1 2 2 1 1 2
22	9 3 2 3 7 1
23	9 1 1 4 1 4 1
24	7 1 1 3 2 1 3
25	7 1 1 3 3 1 1
26	7 1 2 2 1 1
27	10 3 1 1 1
28	16 1 1 2
29	7 2 2 1 1 2
30	4 3 3 2 2
31	2 1 2 1 2
32	2 1 3 3 2
33	1 1 8 1
34	2 2 4 1
35	3 5

Row	Clues
1	5 5
2	16
3	18
4	20
5	21
6	21
7	22
8	17 6
9	17 4
10	10 2 4
11	8 4 8
12	7 3
13	6 2 3
14	8 4 4 1 2 2
15	2 4 1 1 2 1
16	2 1 2 2 4 2
17	1 1 2 8
18	2 3 4 3
19	2 1 4 2 2
20	2 3 3 2
21	3 13 1
22	3 16 2
23	2 6 2 1 2
24	2 2 2 2 1
25	1 1 6 2
26	2 2 8 1
27	1 1 3 1 1
28	1 2 2 1 1
29	2 1 5 1 2
30	2 8 2 5
31	9 2 14 4
32	6 3 3 2 3
33	7 3 2 2
34	8 3 7 1 5 1
35	35

B70 + B71 눈이 올 때 친구들과 놀아요

35×35

Column clues (top to bottom):

Column	Clues
1	5 6 6 1
2	5 5 5 2 1 1
3	7 2 2 6 1 1 1
4	2 3 2 3 5 3 2 1
5	1 2 1 2 5 6 1
6	1 2 2 1 4 6 1
7	2 3 3 9 6 1
8	4 3 1 5 8 1
9	3 3 7 1
10	11 6 1
11	5 2 2 6 1
12	3 1 1 2 5 1
13	3 2 2 1 4 1
14	2 9 2 3 1
15	1 6 2 1 4 1
16	2 6 2 1 3 2 1
17	2 4 2 1 1 3 3 1
18	1 5 2 1 4 3 1
19	1 4 3 1 1 5 1
20	1 4 3 1 1 8
21	1 3 1 3 1 2 7 1
22	1 2 3 2 1 7 1
23	2 2 2 2 2 8 1
24	1 2 1 5 12 1
25	2 11 5 5 1
26	2 1 2 1 4 4 1
27	2 5 2 3 2 1
28	5 2 2 4 3
29	2 2 2 1 2 1
30	3 2 2 2 1 3 4
31	20 2 1 6
32	20 1 2 3
33	19 2 1 2
34	4 2 9 2 2
35	4 2 6 4

Row clues (left to right):

Row	Clues
1	5 2 1 2 1
2	3 2 6 2 1 2 1
3	2 1 5 2 3 3 2
4	2 1 3 4 2 2 2 2
5	4 2 3 8 2 2 4
6	7 3 10 1 6
7	1 6 2 7 5 4
8	1 1 9 1 1 3 1
9	2 3 2 4 3 1 2 5
10	6 2 5 2 1 3 4
11	3 4 1 2 2 3 5
12	1 2 1 3 2 4
13	2 2 2 3 2 3
14	2 6 2 3 3
15	1 1 2 6 3
16	2 2 7 1 2 3
17	3 2 2 2 3
18	3 3 3 3 6
19	9 8 6
20	9 1 1 5
21	8 1 3 4
22	8 2 4 5
23	1 3 1 1 8 3
24	1 2 5 2
25	2 1 1 1 1 1
26	4 2 2 2 3 2
27	2 9 1 4 5
28	1 22
29	1 22
30	1 10 10 4
31	1 10 8 3 2
32	4 6 9 2 1
33	4 2 3 1
34	20 8
35	9 4

\+

난이도 ★★☆☆☆

35×35

Column	Clues
1	1 3 5 1
2	1 3 2 2 1
3	1 3 1 2 6 2
4	1 3 1 3 7 2
5	2 3 1 3 1 1 2
6	2 3 2 4 2 1 5
7	1 2 8 1 1 2 2
8	2 2 6 1 1 1 1
9	1 3 2 1 2 1 1 1
10	2 2 1 1 7 1 1
11	2 2 1 2 6 2 2
12	2 1 1 1 6 5
13	2 9 3
14	5 1 4 5 3
15	2 2 1 3 5 3
16	1 5 4 3
17	3 4 8 6 1
18	3 5 3 10 1
19	5 2 6 9 1
20	9 4 9 1
21	3 3 2 8 1
22	4 1 2 3 8 1
23	4 2 2 3 12
24	4 2 1 3 7 2
25	5 3 4 3
26	7 3 4 4 3
27	9 7 5 7
28	6 7 1 2 4
29	9 5 2 1 3
30	1 6 4 1 3 1 5
31	2 4 2 3 4 2
32	3 4 2 5 2 1
33	3 4 2 5 1 1
34	3 4 8 2 2
35	3 1 2 4 5

Row	Clues
1	6 9 6
2	4 13 5
3	4 4 14 4
4	6 3 6 9
5	9 1 2 2 6
6	7 1 1 2 5
7	4 1 1 3 5
8	1 1 1 2
9	2 3 1 1
10	5 4 2 3
11	5 3 3 2 5
12	2 2 7 10
13	1 1 5 20
14	1 3 2 15
15	1 2 1 2 4 3
16	2 3 2 2 5
17	7 1 2 2 2
18	6 4 1 1 2
19	8 2 2 1 2
20	1 1 2 1
21	3 5 1 1 1
22	2 10 2 3 4
23	2 11 2 7
24	2 18 6
25	2 17 6
26	2 17 3
27	8 8
28	8 4
29	8 2 2
30	5 8 1 4
31	2 2 7 1 2 2
32	1 1 1 1 2 1 1
33	6 6 8 1
34	5 6 9 2
35	18 11

B72 강아지도 편하게 산책해요

난이도 ★★☆☆☆

35×35

Column clues (left to right, top to bottom):

Column	Clues
1	1 1
2	1 4 1
3	1 6 1
4	1 3 2 1
5	1 5 2 1
6	2 6 10 1
7	7 1 6 4 2
8	2 2 1 2 7 2
9	1 5 1 4 2
10	1 4 1 1 4 2
11	2 2 5 1 3 1
12	3 2 1 2 1 4 4
13	3 1 1 1 4 6
14	4 3 3 1 6 2
15	4 2 1 1 1 6 2
16	4 1 3 1 11
17	6 3 2 8 4
18	1 12 8 1
19	1 11 5 4 2
20	2 6 6 5 2
21	3 5 1 6 2
22	3 5 2 3 2 2
23	4 5 1 4 2 2
24	2 2 8 2 6 2
25	2 3 6 7 4 2
26	2 5 10 4 2
27	2 5 1 13 1
28	2 4 4 2 6 2 1
29	2 4 5 3 2 1
30	6 1 6 1
31	5 1 4 2
32	4 1 2
33	2 1 2
34	1 2
35	1 2

Row clues (top to bottom):

Row	Clues
1	12
2	14
3	12 4
4	7 2 3
5	11 2 3
6	2 6 1 3
7	1 3 5
8	2 2 1 3 4
9	2 2 1 2 4
10	2 2 4 3
11	2 1 6 5
12	7 4 2 1
13	3 3 3 1
14	3 3 4 2
15	3 2 3 7 1
16	1 7 4 5 1
17	1 4 6 1
18	6 3 3 8
19	1 3 4
20	1 2 3
21	3 3 6
22	16 3
23	2 3 2
24	5 2 6
25	9 13
26	24
27	3 22
28	4 10 1 4
29	6 4 5 6
30	2 2 4 3 2 2
31	2 2 6 2 2
32	6 2 2 6
33	4 2 2 4
34	4 6 8 5
35	11 4 18

B73 도톰해서 따뜻해요

난이도 ★★☆☆☆

35×35

																		2	2						3									
									6				5		3	3	2	2	1			5	2	1	3			2	2					
					9			8	2	6	5	5	2		1	2	4	1	6	2	3	2	4	3	2		1	2	2	3	3			
		12		11	2	8		1	2	4	1	3	2	8	5	5	4	6	3	1	4	2	1	2	1	1	3	1	1	2	1	4		
	15	2	11	2	2	4	8	2	1	7	5	5	5	9	2	2	1	6	2	4	1	1	2	4	4	6	2	3	4	2	1	2	10	
	2	3	4	2	3	1	3	6	6	1	2	1	2	1	2	1	2	2	2	8	1	1	1	3	1	4	3	2	2	1	2	1	2	
17	5	3	2	3	4	6	9	2	2	1	2	1	2	1	1	2	1	1	2	4	2	1	2	2	3	4	2	2	4	8	6	8	10	30

								35
						24	1	7
					17	2	2	5
				15	3	1	4	3
				15	2	2	6	2
			11	1	2	5	2	2
					9	4	4	2
			10	2	3	4	2	3
			6	2	2	4	3	3
				5	1	1	3	2
				6	4	5	2	1
	3	2	2	2	5	3	2	1
			2	4	6	2	1	1
			2	2	5	2	2	1
			3	4	5	1	4	1
	1	4	3	5	2	3	3	4
			2	2	6	2	5	2
			3	5	3	1	2	1
		3	5	1	1	1	2	1
	2	2	7	1	1	2	2	2
1	1	4	2	1	1	1	1	2
			1	6	5	1	1	3
				1	3	3	2	5
					2	4	5	6
						1	7	11
						7	3	9
					5	3	1	6
					4	3	2	4
					2	2	1	3
					2	2	2	1
						2	2	2
							3	4
							3	2
							4	2
								4

B74 생명을 나눠요

난이도 ★★☆☆☆

35×35

세로 열 힌트 (위→아래)

열	힌트
1	5
2	7
3	9
4	5 3
5	5 4
6	2 3
7	2 8
8	5 4 6 3
9	5 3 4 3 2
10	9 2 2 1
11	28 1
12	5 1 3 4
13	1 1 3 1 3
14	1 1 5 3 5
15	1 1 3 1 6
16	1 1 3 2 2 3
17	1 11 1 2
18	13 5
19	14 3 1
20	6 6 1
21	5 1 3 2
22	5 1 2 1
23	4 1 1 3 1
24	3 2 2 1 2 1
25	3 1 2 1 1
26	4 1 1 1 1
27	4 1 1 2 1
28	5 1 4 1
29	6 3 1
30	7 5 8
31	14 1 1
32	15 1 1
33	1 12 1 1
34	1 1 7 7
35	1 1 4 1

가로 행 힌트 (왼쪽→오른쪽)

행	힌트
1	3 3 8
2	10 12
3	12 14
4	5 16 10
5	5 5 5 5
6	3 3 4 5
7	3 3 4 4
8	4 4 3 3 3 4
9	3 4 3 1 3
10	6 1 3 2 3
11	4 10 6
12	2 1 4 4 4
13	1 1 6 2 6
14	1 1 7 7
15	1 1 9 8
16	1 1 4 1 1 3
17	2 1 2 2 2 3
18	1 1 2 4 1
19	1 1 1 2
20	1 1 2 1 1
21	1 1 1 1 1 1
22	2 1 3 1 6
23	1 1 1 4 1 1
24	1 1 2 1 1 1
25	3 1 1 1 1
26	5 1 10 1
27	2 1 5 5
28	4 2 2
29	2 1
30	2 2
31	1 2
32	2 1 2
33	1 4
34	2 4
35	7

B75 우산에 부딪히는 소리가 좋아요

난이도 ★★☆☆☆

35×35

																	1		1															
														2			6	1	3	3					1		2				5			
										4		3		5		2	3	4	4	5	2				2	3	5			4	7			
5	3								6	1	4	3	3	2	2	7	1	3	1	2	7	2	1	12	6	5	2	2		9	3			
4	6	1		2	7	3	5		5	4	6	5	4	2	6	8	2	4	3	2	4	7	8	7	3	1	3	15	9	4	1			6
5	4	4	2	5	6	4	6	6	2	3	6	2	1	1	7	1	5	1	1	5	1	2	4	1	1	2	2	1	5	1	2	6	5	6
2	2	4	5	2	2	2	3	4	2	2	2	3	3	2	2	5	1	1	6	1	1	2	2	3	1	1	2	3	3	1	2	3	5	2
3	3	9	9	3	3	3	9	9	3	3	3	9	9	3	2	2	3	5	3	3	5	1	1	2	4	3	4	7	3	2	3	9	9	3

					2	9	2	2	2
					2	10	5	2	2
				2	9	6	2	2	1
				1	9	7	5	2	2
			1	9	8	4	3	1	2
				1	3	8	5	4	2
				1	1	10	7	4	2
			2	1	1	5	7	4	1
			2	1	1	2	9	4	1
						2	2	11	4
				2	1	2	2	6	5
				1	2	1	2	3	5
				2	1	1	1	6	8
		1	1	2	2	1	3	5	7
1	1	2	2	2	1	1	2	1	4
1	2	1	2	2	1	1	3	1	2
	1	2	1	2	1	2	1	1	1
			2	1	5	4	2	1	2
	1	1	2	4	2	2	2	2	1
	1	1	1	1	2	3	2	2	1
			2	2	2	2	4	3	1
			2	2	2	4	1	4	1
	2	2	2	4	1	1	1	1	1
1	2	5	3	1	1	3	1	2	1
					2	3	3	1	6
							1	1	2
							18	1	7
							17	1	6
			2	2	2	1	1	3	2
			2	2	2	1	1	5	2
				2	2	2	9	1	2
		2	2	2	1	1	2	3	2
						15	5	5	4
						15	6	6	4
						15	6	5	4

B76 철컹철컹

난이도 ★★☆☆☆ (2.5)

35×35

Column clues (top to bottom, columns 1–35)

Column	Clue
1	25 5
2	7 3 4 5
3	1 2 3 1 2
4	1 2 4 2
5	2 1 2 2 1
6	1 1 3 2 2
7	1 2 4 2 4
8	1 2 1 3 1
9	1 2 2 5
10	5 1 2 5 1
11	11 3 11
12	11 8 4
13	12 2
14	12 3
15	15
16	12 1 2
17	12 1 5
18	14 7
19	12 1 5
20	12 2 2
21	15
22	12 2
23	11 6
24	10 8 2
25	6 2 2 3 5
26	3 1 2 5 1
27	1 2 1 3
28	1 2 3 6 1
29	1 2 3 2 1
30	1 2 4 3 2
31	2 2 5 3
32	1 2 4 3 2
33	4 3 3 2
34	9 4 9
35	4 14 4

Row clues (left to right, rows 1–35)

Row	Clue
1	17 1
2	17 1
3	1 17 1
4	1 16 2
5	1 16 1
6	2 15 1
7	2 14 1
8	2 14 2
9	2 21 2
10	2 21 4
11	5 13 3
12	2 4 10 7 2
13	1 8 1 1 1 11 1
14	1 2 2 7 2 2 1
15	3 2 2 5 3
16	2 3 3 1 1 2
17	2 1 3 2 1 1 2
18	1 1 1 1 2 2 1 2
19	1 1 1 1 1 1 2 1
20	3 2 2 2 2 1 1
21	2 1 2 1 4 1
22	2 2 3 2 3 1
23	5 4 1 5 1
24	1 1 1 2 4 1 2
25	1 1 2 3 2 1 2 1
26	1 2 1 3 3 1 1 2
27	2 2 2 2 2 1 5
28	2 2 1 2 1 2 2 1
29	3 1 1 1 1 3 2 1
30	1 4 3 1 4 1
31	2 4 3 1
32	1 3 2
33	1 3 1
34	1 5 1
35	1 5 1

B77 잠자리를 잡아요

난이도 ★★☆☆☆ (3.5/5)

35×35

Row clues (left to right):

Row	Clues
1	3 3 4 5
2	5 3 5 4 1
3	2 3 3 6 1 1 2
4	1 2 5 9 1 2
5	2 2 4 8 1 2
6	2 2 3 9 2 2
7	2 2 6 12 3
8	1 1 7 12 3
9	2 1 10 9 3
10	2 1 6 3 10
11	1 2 5 1 1 8 4
12	2 1 4 1 3 2 7 2
13	3 4 7 1 5 2
14	3 2 5 1 2 4
15	4 3 1 3 2 4 2 2
16	1 3 8 1 1 2 3 2
17	1 2 4 1 1 1 1 3
18	2 2 1 1 4 4 2
19	1 2 1 3 3 2 2
20	1 3 5 3 1 5
21	1 3 3 2 5 2 3
22	2 4 4 1 7 2
23	1 8 4 8
24	1 3 1 8 3
25	3 2 6 2 2
26	2 3 2 4 1 5
27	2 3 2 4 2 2
28	4 2 5 3
29	2 8 6 2
30	2 1 2 1 7
31	2 8 8 3
32	8 2 6 2 2
33	1 2 1 5 1 5
34	8 5 2 3
35	2 6 3

Column clues (top to bottom):

Column	Clues
1	3 4
2	5 2 1 5
3	2 2 3 2 6
4	2 2 2 4
5	3 1 2 2 1 3
6	7 3 2 1 1 1 1
7	10 3 2 2 1 1
8	5 1 7
9	5 4 2 7
10	4 8 3 1 1 1
11	1 13 2 2 1 1
12	13 3 3 3
13	5 5 2 2 3
14	3 4 1 3 3 1 1
15	3 1 2 2 1 1
16	2 3 1 4 7
17	3 2 6 1 7
18	7 2 1 1 1
19	3 11 1 1
20	2 4 2 3
21	3 8
22	6 3 1
23	11 1 3 3
24	18 6 5
25	12 2 3 7
26	12 2 17
27	11 2 18
28	11 4 5 6 2
29	10 4 1 3 1 4 1 1
30	4 7 5 5 6 2
31	2 2 1 1 3 3 3
32	6 2 2 1 1 1 1 1 2 1 1 1
33	2 3 1 3 5 1 1 2 1 3
34	1 7 6 3 5 5
35	8 4 2 3 3

B78 맛있는 겨울 간식이에요

난이도 ★★☆☆☆

35×35

Column clues (left to right, top to bottom)

Column	Clues
1	24
2	3 3 1 2 11 3
3	2 2 1 1 2 10 2
4	1 1 2 2 1 1 6 1
5	2 2 1 6 2 5 1
6	3 2 2 5 5 2
7	1 1 2 1 6 3
8	2 1 2 1 1 2 8
9	5 2 2 2 2 7
10	2 3 4 3 3 6
11	3 3 3 3 4
12	1 2 4 4 3
13	2 10 4 2 2
14	1 4 1 9 4 1
15	1 2 3 6 2 4 1
16	1 1 2 3 4 4 1 3 1
17	1 1 2 4 3 1 1 3 1
18	1 2 12 4 3 1
19	1 4 2 1 1 4 1 3
20	1 2 2 2 1 1 1 1
21	2 3 3 3 4 1
22	1 4 1 3 2 1 2
23	2 4 3 3 1 2 2
24	3 5 1 6 2
25	2 2 4 1 4 3
26	5 2 4 2 3
27	2 3 1 7 4
28	1 1 3 2 1 3 4
29	3 1 3 4 5
30	4 1 7 5
31	3 4 1 4 6
32	2 2 9 7
33	1 1 2 7
34	2 2 6 8
35	3 17

Row clues (top to bottom)

Row	Clues
1	3 9 3
2	2 2 3 3 2 2
3	1 1 2 4 5 1 1
4	2 2 4 2 2 6 2 2
5	3 1 3 2 1 2 1 2 3
6	2 2 2 1 1 5
7	4 3 2 2 3 2
8	8 4 5 5
9	3 12 1 1 2
10	3 2 9 7
11	1 4 3 2 4 1 1
12	2 2 2 4 8 5
13	1 1 2 1 4 1 2 4 1 1
14	1 1 2 1 4 1 7 3
15	6 2 3 1 1 2 8
16	1 6 2 10 6
17	3 2 1 2 2 1 1 6 1
18	4 1 1 2 5 2 4 1
19	1 2 2 2 2 1 7 2
20	5 1 1 1 4 3 2
21	3 2 2 5 1 3 2
22	3 2 2 3 1 3 1
23	4 5 4 1
24	5 10 1
25	10 2 1
26	8 1 1
27	7 2 1
28	8 1 2
29	3 4 2 4
30	2 4 1 5
31	1 3 2 7
32	1 4 1 9
33	2 6 2 11
34	3 8 1 14
35	35

C79 손을 쓰면 안 돼요

난이도 ★★☆☆☆

30×40

Column clues (left to right, top to bottom)

Column	Clues
1	4 4 5 7
2	3 2 1 2 1 7
3	2 3 1 2 2 7
4	2 2 1 4 6
5	2 3 1 2 2 6
6	3 2 3 2 5
7	1 2 5 1 2 1 5
8	2 4 8 4 1 5
9	8 7 4 1 5
10	9 2 5 8 2 1
11	5 3 6 7 2 5
12	4 2 2 7 2 2 3
13	4 2 2 9 7
14	3 1 3 8 1 2 1
15	3 2 1 1 1 1 1 7 3 3
16	4 2 3 1 1 1 5 3 3
17	4 2 3 5 8 5
18	4 2 10
19	10 7 4
20	4 5 7 2
21	11 6 4
22	8 5 4 3
23	2 5 2 7 2 2
24	1 3 11 2 6 2
25	2 2 12 2 3
26	1 1 17 2 5
27	1 2 17 1 5
28	2 1 17 6 1
29	1 2 18 4 2
30	4 19 3

Row clues (top to bottom)

Row	Clues
1	9
2	12
3	14
4	5 5
5	5 2 3
6	4 2 2 2 4 1
7	3 2 2 1 3 1
8	3 1 1 3 2
9	3 2 5 3
10	2 7 3
11	8 7
12	3 2 2 5
13	3 3 5
14	3 5 3
15	3 6 3 2 7
16	2 8 1 1 8
17	1 2 5 3 1 8
18	1 4 1 2 7
19	2 3 1 3 1 7
20	2 2 1 1 7
21	1 1 2 1 7
22	1 2 1 6 7
23	4 12 7
24	13 7
25	14 7
26	4 15 6
27	2 1 17 5
28	2 11 4 2 5
29	1 2 2 5 2 1 5
30	1 1 1 2 1 1 5
31	1 2 2 2 1 5
32	5 2 1 2 2
33	2 2 1 1 3 1
34	3 5 5 2 3 2
35	5 3 3 2 2 3
36	9 1 1 3 1 2 4
37	9 1 2 1 4 4
38	9 7 2 4 1
39	9 3 3 6 2
40	10 5 4 3

C80 + C81 아기가 졸졸 쫓아와요

30×40

Column clues (columns 1–30, top to bottom):

1	2	3	4	5	6	7	8	9	10	11	12	13	14	15	16	17	18	19	20	21	22	23	24	25	26	27	28	29	30
											2					1	2										1		
								4		3	2			2		2	1	1	1	1		1	1	1			1		
		6	4	3	3	5	4	2	3	2	6	2	1	3	1	2	1	1	1	1	1	2	1	1	2		3		
4		11	6	3	2	4	4	3	2	1	2	6	5	2	3	3	2	2	2	1	1	1	2	2	1	1	2	1	1
3		5	5	8	5	1	9	6	2	3	4	3	4	6	5	7	4	3	4	3	4	6	7	5	3	2	2	16	5
27	40	4	3	3	3	2	4	2	5	2	1	1	1	1	9	3	3	7	3	2	1	1	1	4	4	5	3	2	2

Row clues (rows 1–40):

					12	9
				12	4	5
					11	3
				4	3	2
				2	2	2
				2	2	2
				2	2	2
					5	2
					4	1
					3	1
					3	2
				3	1	1
				2	1	1
				3	2	2
				3	1	3
				3	1	3
				3	1	5
				3	2	11
			2	1	6	5
		2	1	3	3	3
		2	1	2	4	2
		2	1	1	2	3
		2	1	2	1	3
	2	1	1	2	1	3
	2	2	1	3	2	2
	2	1	1	5	3	1
2	1	1	1	5	2	1
	2	1	1	2	2	2
	4	1	2	1	2	2
	3	1	2	1	2	1
	3	1	3	2	4	1
		3	1	6	4	1
		3	1	5	4	1
		2	1	6	4	1
	2	1	3	1	3	2
	2	2	2	1	1	2
		3	4	2	1	4
		6	1	1	5	4
				11	6	6
						30

+

난이도 ★★☆☆☆

30×40

Column	Clues
1	1 10 5
2	1 13 5 3
3	2 2 6 3 1 1
4	1 2 6 3 3
5	1 1 5 3 3
6	1 1 7 9 4
7	1 1 1 5 5 5 2
8	1 2 1 11 1
9	1 1 1 12 2
10	1 1 2 10 1 1
11	2 3 11 2 3
12	1 4 19 1 1
13	1 4 7 5
14	1 4 4 2
15	1 9 3
16	1 3 2
17	2 2 3
18	1 3 3
19	1 1 1 2 2
20	1 3 1 1 4
21	2 2 2 4 2 2
22	3 1 2 13 1
23	2 1 1 2 2 8 1
24	5 4 1 1 1 1 1 1 1 1 2
25	13 1 1 5
26	2 1 11 2
27	1 1 1 2
28	3 1 1
29	3 1 2
30	4 2

Row	Clues
1	5
2	3 4
3	7
4	3 5
5	5 2
6	3 1
7	3 6 2
8	2 4 2
9	2 3 1
10	2 3 1
11	2 2 1
12	2 2 2
13	3 2 2 1
14	4 1 1 3 1
15	6 1 1 1
16	7 1 1 2
17	8 1 4
18	11 1 2
19	13 3
20	12 3 1
21	7 3 2 3 2
22	7 1 2 6
23	6 2 3 3
24	7 2 4 1
25	8 3 1
26	8 8
27	8 2 1
28	4 2 4 1
29	1 1 1 2 1
30	2 1 1 3 1
31	1 1 1 2 1
32	2 1 1 5
33	1 2 1 2 1
34	1 1 2 3 1
35	1 1 2 2 1
36	2 1 2 2 3
37	1 2 1 3 1
38	6 4 4 1 1
39	2 4 1 1 9 7
40	15 11 2

C82 아슬아슬 곡예 같아요

난이도 ★★★☆☆

30×40

Column clues (top to bottom, left to right)

Column	Clues
1	2 2 1 2
2	1 2 1 1 2 2
3	1 3 2 1 2 3
4	1 3 2 1 2 2 3
5	1 3 2 14
6	1 1 5 4 8 1
7	1 2 2 1 3 3 3 3
8	2 2 3 3 1 2 3 1
9	2 2 2 9 1 1
10	1 2 2 3 2 2 3 1
11	1 1 2 3 2 3 2 1
12	2 1 2 2 1 2 2 1
13	2 1 2 4 1 1 3 2
14	2 1 7 3 1 2
15	1 1 5 1 5 2
16	1 1 2 2 2 1 2 3
17	9 2 2 1 3
18	1 1 2 13 1 3
19	1 7 2 6 1 3
20	2 4 2 3 9 1 2
21	2 3 2 14 1
22	5 27
23	5 14 1
24	5 3 9 4 1
25	5 2 10 2 1 1
26	6 1 2 8 2 1
27	5 1 1 6 1 2 1
28	3 1 1 7 2
29	2 3 8
30	5

Row clues (top to bottom)

Row	Clues
1	1 3
2	1 5
3	1 9
4	16
5	5 1 6
6	1 8
7	16
8	5 1 3
9	7
10	7 2
11	9 1
12	6 3 2
13	5 2
14	2 2 2 5
15	5 1 4 2
16	6 2 3 1
17	8 9 1
18	7 1 4 6
19	3 1 6 2
20	2 1 5 2
21	4 1 1 9
22	5 1 12
23	3 2 14
24	2 19
25	3 2 1 12
26	4 2 5 12
27	3 2 1 2 1 6 1 1
28	1 1 1 1 1 4 3 1
29	1 5 1 3 2 2
30	4 2 4 2 1 2
31	8 1 5 1 1 2
32	2 2 2 1 3
33	3 1 2 1
34	6 3 1
35	3 3 1 1
36	7 1
37	4 1 1
38	5 2 4 1
39	3 1 8 1
40	22

C83 좋은 소식을 전해 줘요

난이도 ★★½☆☆

40×30

18 3
1 2 12 4 3
3 1 11 9
1 2 2 2 8 8
1 2 1 1 7 2
1 2 2 2 10 2
2 2 1 1 11 2
1 2 22
2 5 2 2 5 7
3 2 1 1 3 6
2 2 2 2 3 6
2 1 1 1 2 2 4
1 2 2 3
2 2 1 4
2 2 3 1 5
4 6 4 2 2
8 2 2 2 2 2
1 1 1 1 4 3 3
1 1 2 1 1 2 6
1 1 4 1 1 2 2
1 2 1 2 2 2 1
2 1 2 2 1 1 2 2
1 1 2 2 1 3 4
1 2 3 1 4 2 3
1 4 2 3 3 2
2 2 1 1 1 4 3
1 1 6 1 9
2 1 2 2 1 9
4 3 1 9
6 4 9
2 4 1 10
2 2 1 2 2
2 2 2 2 3 1
1 2 1 2 4 2
2 1 1 2 2 3 7
2 2 1 1 1 1 3 7
1 1 1 4 1 3 2
2 2 1 15 1
1 2 19 2
29

5 8
1 3 3 5 3
4 2 5 3 3 1
1 3 2 2 2 2 1
1 3 4 2 1 3 2
2 3 3 2 4 5 2 3
4 2 4 2 3 4 3 1
1 3 2 6 2 1 2 2 2 1
2 6 1 2 2 1 2 1 2
3 1 2 1 2 4 2 6
4 1 2 3 6 2
6 2 2 5 3 3
3 6 4 3 1 2 5
4 1 2 4 2 2 4
5 2 7 1 6
11 2 6 4 4
8 2 2 1 4 3 3
9 2 2 6
11 3 1 1 3
14 2 1 6
9 2 2 10
2 4 2 1 14
3 3 2 11 3
3 4 2 1 8 4 3
3 7 2 1 7 4 3
2 5 2 1 1 6 4 3
2 5 2 1 2 5 3 2
4 8 2 2 6 2 1
20 11 4 2
40

C84 등에 뾰족뾰족 부채 모양의 뿔이 있어요

난이도 ★★☆☆☆

40×30

열	힌트
1	2 2 4 2
2	3 2 2 1 2
3	2 3 2 3 1 3 2
4	4 3 2 1 4 2
5	12 2 2 2 1 3
6	10 1 2 3 1 1 1
7	11 1 1 2 6
8	4 3 1 1 2 2 1 1
9	3 3 1 4 2 3
10	3 1 1 1 3 1
11	3 7 2 2 1 2
12	2 1 6 1 7
13	4 5 2 1 2
14	6 3 1 1 3
15	14 6 1
16	1 7 3
17	5 4 1 1
18	6 2 3
19	9 1
20	9 3
21	8 8
22	6 1 4 3
23	1 1 1 1 3
24	8 1 1 4
25	7 4 4 2
26	8 3 3 2
27	6 2 3 3
28	4 2 4 1
29	1 4 3
30	7 1 1
31	6 3
32	4 2 1
33	1 4 6 3
34	6 1 8
35	2 1 2 2
36	3 2 2 2
37	1 4 1 2
38	2 2 3 2
39	3 3 2
40	9 2

행	힌트
1	2 2 2 3 2
2	3 2 8 5
3	2 3 2 1 6 5
4	2 5 3 1 6 7
5	3 3 3 1 6 5 3 2
6	9 2 6 4 4 1 1 1
7	7 4 4 3 6 1 3
8	5 7 14 1 1 2
9	3 1 9 5 3 4
10	3 1 6 6 2 1
11	11 4 3 2 1
12	7 2 2 4 1
13	3 5 2 1
14	1 5 2
15	5 4 1
16	3 6 2
17	1 3 1 1
18	2 3 1 1 3
19	2 2 2 1 2
20	1 1 1 1 3
21	1 3 1 1 1 1
22	7 4 5 1
23	4 2 3 2 2 2
24	2 5 1 7 1
25	5 4 1 1 2 1
26	1 1 1 1 1 1 1
27	1 1 1 1 2 1 1
28	5 1 5 5 5 2
29	5 1 1 4 1 1 8 1 1 8
30	40

C85 아직 한 발 남았어요

난이도 ★★☆☆☆

40×30

Row clues (left block, top to bottom):

1	7
2	3 2 4
3	1 4 7
4	1 4 6
5	2 2 6
6	1 1 6
7	1 3 7
8	1 1 6
9	1 2 5
10	2 1 4
11	6 3 3
12	8 2 3
13	10 1 3
14	5 2 3 3
15	8 2 2
16	8 2 2
17	2 5 2 2
18	8 1 2
19	9 1 5 2
20	3 3 1 1 2
21	1 1 1 3 2
22	1 2 2 1 1 2
23	2 1 1 2 3 3
24	1 1 1 1 1 3
25	1 2 1 4 3
26	1 2 2 1 3
27	1 3 1 3 3
28	1 2 1 1 3
29	2 2 2 3 3
30	4 1 2 1 3
31	7 1 3 3
32	3 4 2 3
33	9 1 2 3
34	10 2 1 3
35	1 3 2 1 1 1 1 4
36	8 1 1 2 2 3
37	8 3 2 4 3
38	8 7 2 3
39	7 6
40	3 4

Column clues (bottom block, left to right):

1	5 7 10
2	2 19 4 5
3	2 7 3 18
4	1 10 1 3 7
5	1 9 3 11
6	1 3 5 5 5
7	2 9 10
8	2 8 7 1
9	1 2 2 2
10	1 2 1 4
11	2 1 9 1
12	1 1 7 7 4 3
13	2 6 2 1
14	5 2 4
15	2 1 2 2
16	2 2 3 1
17	3 2 3
18	3 4 2
19	3 2 2
20	3 4 6
21	3 4 2 2
22	4 5 2 1
23	3 1 1 1 1 1 1
24	4 1 1 1 1 1 3 2
25	4 1 1 1 5 5
26	4 7 7
27	4 9
28	8 13
29	25
30	19

C86 길고 오동통한 허리를 가졌어요

난이도 ★★★☆☆

40×30

1	8 26
2	4 1 1 8 1 1 17
3	4 1 1 5 1 1 1 8
4	2 1 2 2
5	2 8 1
6	1 5 2 1 5
7	3 1 2 1 1 3
8	2 5 1 1 2
9	2 2 2 1
10	1 1 2 1
11	2 1 2 1
12	1 2 2
13	2 1 1
14	1 10 1
15	1 3 4 1
16	2 3 2 1
17	4 1 8 1
18	1 3 2 1
19	3 4 4 7 1
20	1 1 3 1 3 1 2
21	1 1 3 1 3 1 4 1
22	1 3 4 2 9 2
23	4 5 11 1
24	6 19 2 2
25	8 20 2 3
26	1 6 8 15 4
27	1 13 1 18
28	7 4 2 11
29	5 6 10
30	3 4 7

1	2 1 5 3
2	2 7 8
3	2 3 2 1 3 3
4	4 3 1 1 2 3 3
5	1 2 2 1 1 1 6
6	3 4 2 4 5
7	1 1 1 4 5
8	3 2 1 3 3
9	1 1 1 1 1 3
10	1 1 1 3 2
11	2 1 1 1 1 1
12	5 1 2
13	2 1 1 3 3
14	2 1 1 1 1 5
15	3 1 2 4 6
16	3 1 1 11
17	2 1 1 1 7 3
18	6 3 4 2
19	1 4 2 1 8
20	3 3 4 3
21	1 6 3
22	3 1 1 4
23	1 1 1 6
24	2 1 1 6
25	4 1 6
26	9 7
27	3 5 7
28	3 1 7
29	3 2 7
30	3 5 7
31	3 1 2 8
32	3 3 2 7
33	2 1 2 5
34	2 3 6
35	2 1 7
36	2 2 3 4
37	2 5 3 5
38	2 9 7
39	2 7
40	2 5

C87 가을이 깊어지면 울어요

난이도 ★★★☆☆

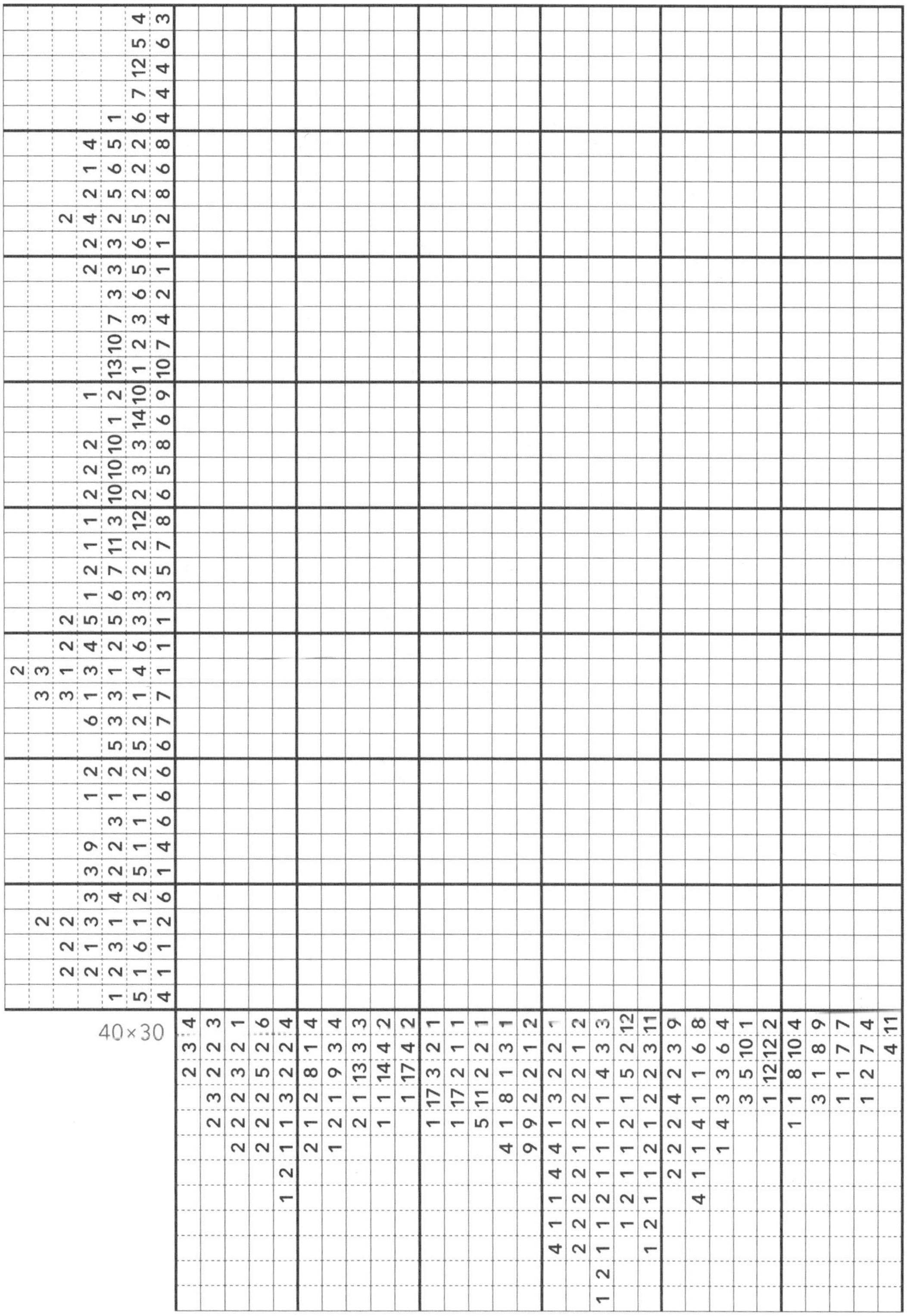

C88 공중에서 싸워요

난이도 ★★★☆☆

40×30

Column clues (left to right, top to bottom)

Column	Clues
1	2 33
2	6 29
3	1 6 25
4	2 7 18
5	1 3 3 3 11
6	2 2 3 4 2 5
7	3 3 5 3 3 4
8	2 2 5 3 4 3
9	2 3 3 5 4 4 2
10	1 5 19 1
11	8 2 5
12	2 5 12 3
13	8 2 9
14	2 1 6 2 2
15	3 6 2 3 7
16	4 2 1 8
17	2 3 7 2 5
18	3 1 1 2 1 6
19	5 1 2 2 5
20	4 1 3 3 1 4
21	2 1 4 1 2 6 3
22	1 1 2 2 2 2 6 2
23	2 1 1 2 3 1 2 2 2 1
24	1 5 1 2 4 2 1 1 1
25	2 5 2 3 1 6 1
26	4 4 2 1 2 2 2 2
27	5 5 1 2 4 5
28	7 3 1 6 5
29	8 2 5 7
30	10 3 3 8

Row clues (top to bottom)

Row	Clues
1	2 7
2	4 6
3	1 3 5
4	2 3 2 2 5
5	4 3 2 3 3 4
6	6 3 3 3 2 3
7	4 2 3 3 3 3
8	1 2 5 2 9 2
9	1 2 3 8 3 1
10	1 2 5 1 4 3 1
11	1 2 11 2
12	2 2 8 3
13	2 1 5 1 2
14	2 2 4 2 2
15	2 1 2 3 2
16	3 2 2 1 2 2
17	3 2 3 3
18	3 1 2
19	3 2 1
20	3 3 2 2
21	3 4 3 2
22	3 6 1 1
23	4 5 2 2
24	4 4 3 3 6
25	4 3 1 2 1 4 2
26	4 2 2 1 1 2 3 1
27	4 3 1 1 2 2 2 2
28	4 4 1 1 2 3
29	4 3 1 2 2 3 3
30	5 2 1 4 3 3
31	5 2 1 1 3 5
32	5 2 1 2 1 3 2
33	5 4 1 1 8 1
34	5 5 1 2 2 3 2
35	5 4 1 1 1 2 1 2
36	6 3 1 1 3 2 1 4
37	7 4 1 4 2 1 4
38	8 3 1 5 3 4
39	9 4 6 5
40	10 3 14

C89 뿔로 공격해요

난이도 ★★★☆☆

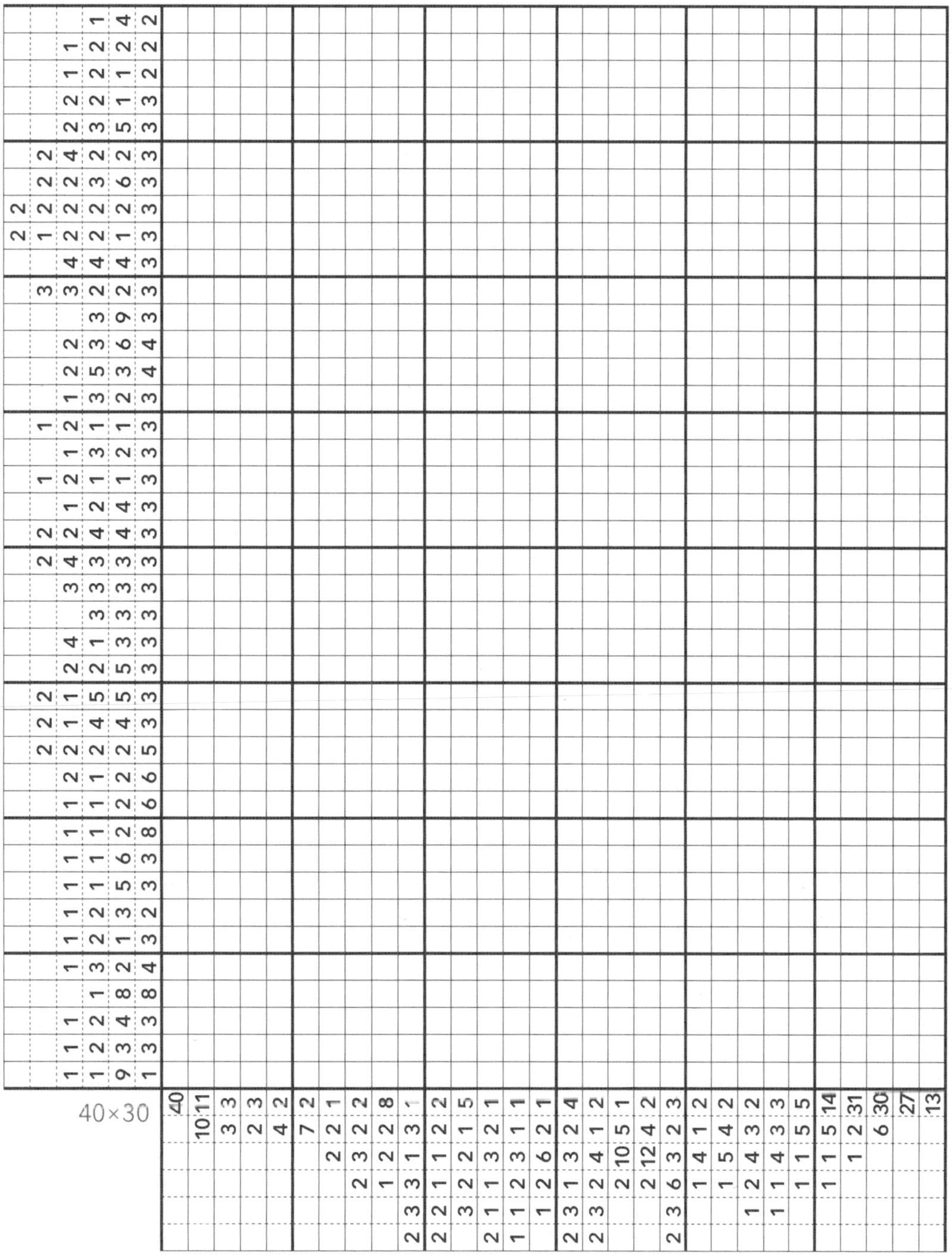

40×30

C90 지각이에요

난이도 ★★★☆☆

40×30

Column clues (top to bottom)

Column	Clues
1	2 2 4 3 2
2	13 4 15
3	10 3 2 1 5 1 1 1
4	1 4 1 2 1 2 4 4 3
5	4 4 3 1 1
6	1 2 13 3
7	12 2 2 3 2
8	2 3 2 2 2 2 2
9	2 2 2 2 1 9 1 1
10	8 2 1 2 2 3
11	2 3 5 2 2 3
12	3 12 14
13	11 1 1 1 1 4
14	4 4 3 4
15	2 4 1
16	12 3 8
17	2 3 3 1
18	2 2 2 2 2 2
19	2 11 2 8 2
20	14 2 11 4
21	1 4 1 5 4 4 1 1
22	4 4 1 1 7 1 1 2
23	1 3 4 3 3 2
24	2 2 1 4
25	11 2 10 3
26	1 3 1 1 4 2
27	2 1 2 1 1 2 2 1
28	8 3 2 5 1
29	2 4 14 1
30	8 8 6

Row clues (left to right)

Row	Clues
1	5 5
2	2 1 2 2 1 2
3	3 1 3 2 1 1
4	5 1 3 3 3
5	3 1 3 2 1 2
6	3 1 1 1 2 1 2
7	4 1 1 2 3 1 3
8	2 1 1 1 1 1 1 1 1
9	2 1 1 1 3 1 1 1 1
10	4 1 1 4 3 1 1 1
11	1 1 3 2 2 2 4 1
12	4 3 1 2 7 2 3
13	4 1 3 1 4 1 2 2
14	2 2 2 1 5 4
15	2 2 2 1 1 1 3 2
16	3 4 1 1 2 5
17	2 4 4 1 1 1
18	4 5 1 1 1 1
19	4 2 1 1 2 1
20	2 4 4 1
21	1 2 2 4
22	5 4 2 4 4
23	2 1 2 2 2 2 1 1 1 2
24	2 1 3 4 5 1 2
25	4 1 3 3 2 1 2
26	2 1 3 4 1 1 2
27	2 1 1 2 6 1 2
28	2 1 1 1 5 1 2
29	3 1 1 1 3 1 1 2
30	1 1 1 1 1 5 3 2
31	1 1 1 1 1 2 5
32	3 1 2 1 4 1 2
33	1 5 1 1 3 2 5
34	3 2 7 5 4
35	2 1 2 2 1 3 2 3
36	3 5 1 1 2 2 2
37	3 1 3 1 2 4 1
38	3 1 2 1 1 5 1
39	4 2 1 1 2
40	2 1 1

C91 높고 멀리 날아오르는 것을 보면 아찔해요

난이도 ★★⯪☆☆

40×40

																						1																	
																			2	1	1	2	1																
																		5	4	3	3	1	3	2	4														
	2	1		2	1	2						2	1	2			10	3	3	3	3	3	3	12	3														
	3	3		1	2	1	6				2	1	2	5	9	10	3	4	3	2	2	6	7	2	2														
	2	2		2	3	3	4	5	5	6	3	9	10	7	5	14	10	10	10	8	5	1	2	1	3	5								1	1	2	3	1	
29	12	12	31	2	3	2	3	7	7	8	8	1	2	3	4	4	8	4	5	8	4	4	3	3	3	4	4	4	3	4	4	4	4	2	2	2	1	3	4

							6
						2	2
						2	1
						3	1
							9
							8
					4	3	2
					7	1	2
				2	2	5	4
				2	1	2	12
		1	1	1	4	6	1
	1	1	3	5	3	1	1
			1	1	9	4	2
	1	1	5	5	4	1	1
			1	8	12	1	1
		1	2	4	2	9	4
1	1	2	3	2	2	1	1
	1	3	1	6	4	1	1
		1	1	3	15	1	2
		1	1	12	2	1	2
			2	1	15	1	4
				4	14	3	4
				4	8	5	4
			1	2	8	5	3
			2	1	7	5	4
				4	6	4	4
			1	4	2	4	4
			2	2	2	5	4
			4	1	1	1	4
			4	2	1	1	5
				4	2	2	5
				4	1	1	5
					6	1	4
						5	5
						4	4
						4	4
						4	4
						4	4
						3	4
						2	4

C92 태국의 전통 무술이에요

난이도 ★★☆☆☆ (2.5)

40×40

Column clues

Column	Clue
1	5
2	3 7 6 4 1
3	2 1 2 16 1
4	1 1 1 10 1 1
5	8 4 3 3 1
6	4 2 3 5 2 3 2 1
7	6 1 4 6 4 1 1
8	5 1 2 10 3
9	4 1 4 10 1
10	4 6 16 3
11	4 8 12 3 1
12	7 8 9 1
13	1 1 6 1 6 1
14	1 2 1 1 4 6 1
15	4 3 1 1 6 2 1
16	6 3 2 1 1
17	6 1 4 3
18	6 1 1
19	13 1
20	4 7 1
21	4 8 1
22	1 1 8 1
23	1 1 9 3 1
24	1 1 14 1
25	2 1 27 1
26	1 1 16 4 1 1
27	1 3 12 1 1
28	1 5 11 1 3
29	1 10 7 2
30	1 11 2 2
31	1 4 3 2 2
32	18 3
33	2 6 2 1
34	2 6 1 1
35	2 8 1 1
36	2 4 3 2 1
37	5 2 2 1
38	4 4 2 1
39	5 2 4 1
40	5 1

Row clues

Row	Clue
1	6
2	8
3	1 3
4	5 1 3
5	8 4 8 1 1
6	8 11 1 2
7	10 7 4 2
8	2 4 1 7 1 8
9	1 1 1 17 6 2
10	4 1 4 2 6 2
11	2 4 5 3 6 1
12	9 2 8 1 4 1
13	2 4 1 8 1 2 2
14	1 5 12 1 2 2
15	1 1 5 1 8 1 1 1
16	1 1 9 9 1 2
17	1 8 1 10 1 2
18	2 2 3 1 9 2 2
19	2 1 1 2 14
20	1 1 6 8
21	2 2 8
22	2 4 8
23	10 8
24	12 8
25	12 7
26	13 6
27	3 10 1 4
28	4 9 1 1
29	5 8 1 2
30	10 1 1 2
31	1 5 1 1 1
32	1 2 1 2 2 1
33	2 2 1 1 2 1
34	1 1 1 1 2 1
35	1 2 1 1 2 2
36	2 1 2 1 1 2
37	1 3 1 2 1 2
38	1 3 2 3 4 1
39	1 1 1 1 13
40	31

C93 분하다 분해!

난이도 ★★☆☆☆ (2.5)

					1	2	2	2	2	2
						3	5	2	2	2
					1	2	2	2	2	4
					1	2	2	2	2	6
							3	17	1	5
							1	19	1	5
	3	3	3	1	1	1	1	5	1	5
						5	3	17	1	5
	1	2	1	3	1	1	1	1	5	6
						1	1	4	17	4
2	1	1	1	3	1	1	1	1	5	1
						2	1	1	17	4
	4	2	3	3	1	1	1	1	5	6
				2	1	1	13	3	1	5
						2	1	17	1	5
				3	3	2	2	2	1	5
			2	2	2	5	2	2	1	5
						7	2	2	2	6
				1	1	2	2	2	2	4
				1	3	2	2	2	2	1
					1	5	4	3	2	1
				2	2	2	3	1	2	1
				1	2	2	1	3	4	4
			2	2	2	1	2	3	4	1
						1	3	5	2	2
					2	4	1	3	3	2
					2	2	2	2	2	2
						1	6	1	2	3
				2	2	4	2	3	1	3
						5	2	4	3	7
				2	2	2	3	6	2	1
						2	5	2	3	1
							6	2	3	4
						2	4	3	3	6
					2	4	5	2	3	1
					8	7	4	2	2	1
					2	14	2	3	2	3
							10	1	6	7
			3	6	4	3	1	2	1	4
					9	2	3	1	3	3

40×30

3	4	4	1	1	2	9	1	2	1	1	2	1	1	30	32	11	2	22	6	11	2	11	2	11	2	11	9	11	23	23	2	6	2	24	10	8	6	4	15
	1	2	3	2	1	7	1	2	1	2	1	2	1	1	3	1	1	5	1	2	1	3	1	3	1	2	1	2	1	2	1	6	2	1	8	8	6	4	
		1	2	2	2	2	1	1	3	7	1	2	1	3		5	1	3	1	2	1	1	1	2	1	7	1	4			2	1	2	3	1	3	4	5	
		1	3	3	1	2	2	3	2	1	1	2	1			3	1		1	12	1	2	1	1	1		4					1	2	1	2	2	3	2	
		1	3	1	2	1	1	3	2	2	2	1	1				2		8		2	4	2	5	2							2	2	1	1	3	4	4	
		3	2	2	1	1	1	1	2	2	2	1	1				3		3		1		2	2	1							1	3		2	2			
					2		1	2	3	3	1	2	5				1		3		2		1		3								1		1				
							3	3	2	1	2	2					4				7		1		4								4						
							3	2	1	2	7	5					4				1		1		3														
							2	2	2														6																
							1																																

C94 + C95 가자! 보물섬으로!

40×40

Column	Clues (top to bottom)
1	40
2	4 2 30
3	3 1 27
4	2 6 8 4
5	2 4 2 3 1 3
6	1 1 1 1 2 3 3
7	1 2 1 1 2 1 2 5 2
8	1 1 3 2 8 5 2 1 2 2
9	1 1 3 1 2 1 2 2 3 9 2
10	1 5 1 2 2 1 2 2 1 2 2
11	1 3 1 3 2 1 2 5 2
12	2 2 1 3 1 3 3 2
13	2 2 2 5 6 1 2
14	4 1 2 6 3 3 2
15	8 4 2 4 2 2
16	7 1 2 2 3 3 3
17	6 1 4 5 2 3 3
18	6 5 4 2 2 2 3
19	6 2 2 5 3 2 5
20	5 4 3 4 1 2 2
21	5 2 2 4 5 1 2 2
22	8 4 6 1 4 1 2 3
23	6 5 5 1 3 3 3
24	4 6 1 3 1 3 2 3
25	4 4 1 4 2 3
26	4 4 1 3 5 2 3
27	4 5 1 5 4 2 4
28	4 6 1 8 3 2 4
29	3 7 2 5 2 3 4
30	3 6 1 3 4 5
31	3 4 2 2 4 3
32	3 5 4 3 3 4
33	5 13 3 5 4
34	4 7 4 1 5 4
35	3 7 2 1 2 4
36	3 6 1 3 3 5
37	2 1 4 2 1 3 5 7
38	2 2 3 4 2 1 3 5
39	2 2 1 1 7 2 1 2 5
40	2 1 2 4 2 3 5

Row	Clues (left to right)
1	40
2	5 29
3	3 4 23
4	2 3 2 16 2
5	1 2 6 9 1
6	1 2 5 5 2 2
7	1 7 2 1 2
8	2 1 3 1 1 2 2
9	5 6 1 3 4 1
10	1 5 4 3 11 2
11	2 2 2 17
12	2 3 6 19
13	2 3 4 19
14	3 1 4 3 5 5
15	3 1 3 1 2 2 1 1
16	3 1 1 1 2 2 4 3 3
17	3 2 1 2 2 2 2 2 3 3
18	3 5 2 1 1 2 1 5 4
19	3 3 14 3 5 4
20	3 15 3 1 1
21	3 2 13 5 1 3 1
22	4 2 3 3 3 5
23	4 1 3 5 2 4
24	4 1 2 3 1 4 5
25	4 2 3 2 1 1 1 3 3
26	4 7 3 3 3
27	4 6 10 2 3
28	4 1 12 2 2 1
29	4 1 2 12 2 3 1
30	3 3 4 4 5
31	3 5 4 3 4 3
32	3 2 1 2 3 3 4
33	3 9 15
34	3 2 1 2 5 5 1
35	3 5 1
36	3 3 1 1 5
37	4 1 1 4 9
38	6 4 19
39	40
40	40

난이도 ★★★☆☆

					3			6		3										5																			
		2	2	2	2	3		1	4	1	3									2		3	3	2	2														
		1	1	2	1	2	3	1	2	1	2	3			3				4	4	4	1	2	2	1	2	2												
	4	3	3	2	1	2	1	6	1	2	3	1	3		2	3	3	3	7	2	6	1	1	2	2	6	3	2	1										
	1	1	2	1	4	1	2	1	3	2	3	5	1	3	4	6	4	6	2	2	3	3	2	2	2	2	2	2	7				1						
2	3	1	4	4	1	4	1	1	2	2	2	5	2	8	2	2	1	2	1	1	1	2	2	1	4	1	1	2	1	1	1	1	1	1					
1	3	2	1	1	2	1	8	2	3	4	5	5	3	1	4	3	2	2	5	1	4	3	3	1	2	6	1	2	6	4	3	3	1	1	1	1		3	
2	5	1	2	2	3	2	1	1	2	2	2	1	6	4	2	4	3	4	3	4	1	2	4	1	2	4	4	3	2	7	2	2	2	4	1	2	2	2	
5	4	3	2	2	1	3	4	2	4	4	4	3	2	3	2	2	1	1	1	1	4	6	4	4	4	1	2	2	2	1	19	2	1	1	3	1	4	10	
5	6	4	4	4	3	3	3	3	3	3	3	3	3	3	3	2	2	2	2	2	2	2	4	2	1	1	1	1	2	2	2	2	2	3	5	5	6	7	40

40×40

40								
29	3							
1	19	6	2					
1	2	3	3	2	1			
1	1	6	3					
5	1	2	2	2	3			
2	4	4	9	1				
2	3	2	2	1	5	1		
3	4	4	7	1	1			
4	3	4	1	2	1	1		
4	2	2	9	2	2	1		
6	14	2	1	1				
13	2	1	1					
8	5	4	2	1	2			
3	1	2	2	1	2			
1	2	2	4	1	2			
12	4	4	2	2				
8	1	2	4	4	1	2		
9	1	5	5	1	2			
7	2	3	1	1	2			
1	1	2	2	8	1	2		
1	1	2	2	2	2	1	2	
9	1	7	1	1	2			
2	2	2	2	1	1	1		
1	3	4	1	1	1	1	1	1
1	3	6	1	5	1	1	1	1
2	9	2	2	1	2	1	1	
2	7	1	1	3	1	1		
3	2	2	1	1	2	1	1	
13	2	7	1	1				
4	4	3	1	3	1	1		
13	1	1						
5	11	1	1					
2	4	2	10	1	2			
1	11	7	2	3				
2	9	3	8					
5	4	1	5	5				
16	1	6						
25	11							
40								

C96 노로 열심히 저어요

난이도 ★★★☆☆

40×40

세로	힌트
1	3 3 3
2	5 4 5
3	5 4 3 2
4	5 4 4 3 3
5	13 3 3 3 3 1
6	3 11 3 3 3 2
7	1 2 10 2 2 3 3
8	1 2 9 2 1 3 2 1
9	1 2 8 1 4 5
10	2 3 7 3 2 3
11	1 2 9 7
12	2 3 7 4 6
13	1 2 8 4 3 2
14	2 12 5 2 2
15	8 10 7 2 2
16	2 1 1 2 4 4 5 2 2
17	1 6 7 4 2 1
18	2 6 4 4 2 1
19	1 1 2 3 2 4 1 1
20	1 3 1 2 2 3 3
21	1 3 2 2 2 3 2
22	1 1 1 3 3 3 2 2
23	1 1 2 1 11 3 1
24	1 3 1 1 2 3 2 1
25	2 3 2 3 3 3
26	2 2 6 5 2
27	9 12 3 2
28	9 4 2 2
29	2 6 2 2
30	1 7 3 2
31	2 5 3 2 2
32	9 4 3 1
33	5 4 2 1
34	3 1 6 3
35	3 2 4 5 1
36	3 3 3 6 6
37	3 3 3 6 2 3
38	3 3 2 4 4 2
39	2 3 1 3 12
40	4 6 6 7

가로	힌트
1	6 2
2	2 3 4
3	4 3 8 3 1
4	2 2 5 2 3 2
5	2 2 2 2 3 3
6	2 2 1 1 3 3
7	3 1 1 1 2 3
8	2 2 1 2 1 3
9	2 2 13 5
10	2 1 1 2 2 2 1 5
11	3 2 1 2 2 2 3 2
12	3 2 3 1 2 1
13	3 1 2 2 3 1
14	1 2 1 4 2 2 2
15	3 3 3 14
16	3 3 3 2 7
17	4 3 4 11
18	3 3 5 1 7 3
19	3 3 6 3 4 2 1
20	2 3 6 3 1 1 1 1
21	1 3 4 1 3 1 2 2 2
22	3 3 4 1 5 2 1 1 3
23	4 8 4 1 2 2 2 3
24	5 4 5 1 3 1 1 2
25	5 3 3 7 1 1 2
26	4 2 1 10 2 1 1
27	3 3 2 8 2 2 1
28	2 5 2 2 2 1
29	5 1 2 2 2
30	7 2 1 1 2
31	6 5 2 3 2
32	3 2 5 2 3 3
33	3 2 5 1 1 2
34	3 3 3 5 2 1 4
35	3 3 6 4 2 6
36	3 3 9 5 1 1 2
37	2 3 2 2 3 5 2 1 2
38	5 6 3 5 2 5
39	3 2 8 3 7 1 5
40	7 12 10 2

C97 넘어져서 무릎에 상처가 났어요

난이도 ★★★☆☆

40×40

																									5														
						13								7	8	8								5	2	4													
	4	8	8		13	3								2	1	2		2	1			6	6	2	1	1	5	5	5	6									
4	1	1	1	13	2	1	17					15	8	3	3	5	4	2	5			1	3	3	1	1	1	2	3	1	6								
1	1	2	2	2	3	1	2	17	18	14		2	6	2	1	1	11	1	5	10		1	2	3	1	1	1	3	2	1	1								
1	2	2	2	3	1	1	1	3	2	3	14	4	2	1	4	1	3	4	6	2	5	2	3	1	1	1	1	1	1	1	1	6	11	10	9				
2	2	1	2	5	2	2	3	2	1	2	3	1	5	2	2	2	2	4	4	6	12	1	2	2	2	2	2	2	2	2	4	4	4	2	4	13	11	7	8
2	3	2	6	2	2	2	2	2	5	3	2	1	2	2	1	3	1	2	2	4	2	3	3	2	3	5	1	2	1	2	2	1	2	13	8	11	11	15	2
10	5	3	2	2	1	1	3	2	2	3	6	2	2	2	3	3	3	4	4	9	2	2	2	2	4	3	2	1	1	1	1	1	2	3	5	3	4	4	4

						20	11
						19	16
						18	18
						18	19
					15	8	11
					15	6	9
					16	2	6
		14	3	1	2	3	6
		9	2	1	2	2	6
		10	2	1	4	4	6
			14	2	2	2	3
			11	1	1	1	3
			14	2	1	5	2
			11	1	2	2	2
			3	6	2	7	2
				4	4	2	3
				6	2	3	5
				7	4	15	3
		8	2	4	2	3	3
				2	5	9	3
				2	5	5	5
					6	8	5
				6	2	3	5
			8	2	1	1	6
			3	1	1	6	6
		5	1	1	5	3	6
			3	2	7	4	6
		5	4	3	1	3	6
		6	1	1	2	1	1
			2	6	1	4	1
		4	3	2	2	2	1
	4	1	2	3	1	1	1
2	1	2	2	5	2	1	2
1	1	1	3	1	3	1	1
	1	2	2	3	1	2	1
	2	2	1	2	1	2	2
	2	2	3	3	2	1	3
		3	2	2	6	2	6
					5	21	7
							40

C98 우리의 전통주 중 하나예요

난이도 ★★★☆☆

40×40

Column	Clues
1	5 7 6
2	5 11 3 3
3	5 4 4 5 1
4	5 3 2 3 2 2
5	5 2 1 3 1 1
6	1 2 2 8 1 1
7	2 2 4 4 1 1
8	11 5 3 1 1
9	1 6 4 1 3 1 2
10	1 2 3 2 3 2 1
11	4 3 1 5 2
12	3 3 1 4 2
13	11 3 1 6
14	2 2 3 1 2
15	1 2 2 3 2 5
16	5 2 4 1 2 3
17	5 2 5 2 2
18	5 3 4 2 4 2
19	5 10 5 2 2 2
20	5 20 2 2 1
21	5 4 4 6 2 2 1 1
22	5 2 2 3 7 1 1 1
23	5 3 1 2 6 1 1 1
24	5 2 2 3 5 3 3 1
25	4 5 2 6 2 5 1 1
26	4 8 2 3 6 1 1
27	4 2 5 3 2 2 2 1
28	3 1 1 4 2 2 3 2 1
29	3 2 2 3 2 3 2 6 1
30	3 1 1 3 2 4 3 1 2
31	3 1 1 3 2 7 1 2 2
32	3 1 2 4 3 3 2 2 2
33	2 2 5 2 5 8 2
34	1 2 5 3 10 1 2
35	2 4 2 3 7 2 2 3
36	2 5 2 3 8 2 2 3
37	1 3 1 4 7 2 4 3
38	1 3 7 7 2 4
39	6 5 5 10
40	4 7 7

Row	Clues
1	6 6 20 4
2	5 2 4 18 2 2
3	5 8 17 2 2
4	6 4 1 13 2 3
5	6 2 1 10 5 4
6	2 1 4 4
7	2 1 2 3
8	2 1 4 4 3
9	1 1 6 2 6
10	1 1 4 3 6
11	2 2 2 4 3 3
12	2 2 3 12 2
13	2 2 2 3 8 2 2
14	2 2 4 6 5
15	2 5 4
16	3 5 3 1
17	2 7 4 1
18	3 2 6 5 3
19	2 3 12 4
20	2 5 6 5
21	2 8 7
22	2 8 20
23	2 12 19
24	3 19 10
25	2 4 5 4 2 5
26	2 3 6 2 1 3
27	2 1 3 3 3 1 1 4
28	3 6 3 1 2 1 2
29	2 2 1 2 2 3 2
30	9 2 1 13 2
31	11 2 5 3 2 2 2
32	13 1 2 2 2 1 1 2
33	3 5 2 1 1 1 1 2
34	1 2 6 1 1 1 1 2 2
35	1 7 1 2 1 1 1 2 2 2
36	1 1 1 2 2 2 5 3
37	2 2 2 2 2 5 3
38	1 2 2 3 4 5
39	3 3 2 9
40	6 18

C99 아버지가 눈을 뜰 수 있게 해 주세요

난이도 ★★☆☆☆

45×45

Column clues (top to bottom)

Column	Clues
1	1 2 2 1 8 1
2	4 4 1 8 1
3	3 2 2 1 8 1
4	3 1 2 1 1 2 5 1
5	4 2 3 1 3 1 2 4 1
6	4 1 4 7 1 3 3 1
7	4 4 4 5 3 3 1
8	2 3 3 11 2 1
9	4 3 4 9 2 2 1
10	4 3 3 10 2 2 1
11	4 2 15 4 1
12	3 3 6 9 3 1
13	3 3 6 8 3 2
14	1 1 4 11 10 2 1
15	2 4 3 6 12 2 1
16	1 7 1 5 10 3 1
17	9 2 2 3 11 3 2
18	6 4 3 3 4 6 2 1
19	7 4 2 4 4 8 1
20	5 4 8 3 8 1 1
21	4 2 4 5 3 9 2 1
22	4 2 1 4 1 5 7 2 1 1
23	3 2 1 2 5 8 2 2 2
24	2 3 10 9 3 1 1
25	3 3 3 1 12 5 2 1
26	3 2 3 3 17 2 3
27	1 7 2 6 9 2 1 4
28	2 2 1 1 3 2 4
29	2 3 2 3 4 2
30	3 5 3 2 2 2
31	4 3 2 2 2
32	1 2 2 3 2 2 3
33	5 2 5 2 3
34	5 4 2 2 3
35	4 2 2 2 2 3 3 3
36	2 2 2 1 1 4 5 3
37	5 5 1 2 2 2 5
38	4 1 2 2 2 4 2 4 4 1
39	4 2 1 2 9 5 4 1
40	4 1 1 2 7 1 5 2
41	2 1 2 2 3 3 1 6 2
42	4 1 3 2 1 6 3 2 2 2
43	4 1 5 3 4 3 3 3 2 1
44	4 2 9 7 4 2 2
45	2 2 2 5 2 6 11 3

Row clues (left to right)

Row	Clues
1	7 8 8 2 11 4
2	12 1 10 4 13
3	14 7 3 7 8
4	2 3 3 7 2 10 4
5	5 1 2 2 1
6	4 2 3 6
7	2 1 2 3 3 2
8	3 2 1 2 1 1
9	4 5 2 1 2 1 2
10	3 4 8 2 1 1 3
11	2 10 4 2 2 4
12	2 4 6 11 4 3
13	6 3 3 2 2 2 3
14	2 2 1 5 2 2 2
15	2 1 5 1 2 2
16	1 5 1 2 2 2 3
17	1 6 1 3 1 3
18	1 1 2 1 1 1 5
19	1 2 1 1 1 4 2 1
20	2 8 2 2 3
21	4 2 7 1 1 3
22	10 2 2 1 2 3
23	12 2 2 2 4 3
24	13 2 2 11
25	12 2 4 5 2
26	4 3 4 4 2 7
27	2 3 5 4 2 4 4
28	2 4 6 5 8
29	9 6 5 2 3
30	14 6 2 1 1
31	12 7 3 5 1 1
32	12 4 2 4 3 4
33	33 8
34	16 2 3 1 3 3
35	23 5 2 2 2
36	22 4 2 1 2 1
37	3 3 10 3 2 2 4 1
38	4 3 2 6 3 4 3 1 1
39	5 3 8 4 12 1
40	7 3 5 2 5 6 1
41	17 3 4 8 2
42	15 3 2 7 2
43	5 11 2 1
44	5 11 3 2
45	13 4 2 4 3

C100 안 돼요!! 껌을 씹거나 쉬어 가세요!

난이도 ★★☆☆☆ (2.5)

45×45

열	세로 힌트
1	1 2 2 2 2 4 1
2	1 2 6 2 7 1
3	1 2 5 7 9 1
4	1 2 5 2 6 13 1
5	1 2 10 2 2 2 5 3 1
6	1 2 12 1 10 3 1
7	1 2 13 3 3 3 1
8	1 11 4 2 8 3 1
9	1 10 3 1 1 1 2 3 1
10	1 10 1 1 2 2 1 4 4 3 1
11	1 9 1 1 1 1 1 2 9 1
12	1 8 1 1 2 5 9 1
13	1 8 1 1 2 6 6 1
14	1 7 1 4 2 3 4 1
15	1 9 1 2 3 4 5 1
16	1 8 1 2 1 1 4 2 3 1
17	1 8 1 1 2 1 1 4 2 3 1
18	1 6 1 1 2 1 1 4 2 3 1
19	1 7 1 1 2 1 4 2 4 1
20	1 8 1 1 1 1 3 2 6 1
21	1 9 2 1 6 7 1
22	1 10 2 1 2 1 10 1
23	1 13 2 1 1 4 5 3 1
24	1 2 8 6 1 3 5 3 1
25	1 2 12 1 3 1 8 3 1
26	1 2 8 1 1 2 3 2 2 3 1
27	1 2 1 1 1 1 2 4 5 1
28	1 2 1 1 1 1 5 3 6
29	1 2 1 1 1 2 1 1 11
30	1 2 1 3 1 2 14
31	1 2 1 1 1 1 2 3 9
32	1 2 1 3 3 2 1 6
33	1 2 2 2 1 3 2 2 3
34	1 2 11 4 2 2 2
35	1 2 11 3 3 1 2
36	1 2 9 1 7 3
37	1 2 5 2 14
38	1 2 2 13
39	1 1 2 2 6
40	2 2 10
41	2 3 6 7
42	2 7 8 5
43	2 9 8
44	3 8 2 2
45	3 10 2 2

행	가로 힌트
1	45
2	6
3	2
4	38
5	40
6	16 2
7	19 1 1
8	21 2 1
9	31 1 1
10	14 8 4 1 1
11	10 3 7 3 1 1
12	8 2 6 4 1 1
13	7 5 4 1 1
14	5 4 4 4 2 1
15	3 4 1 2 4 1 2
16	3 1 2 4 1 2
17	2 4 1 4 1 3 1 1
18	3 3 5 2 4 2 1
19	3 1 2 1 12 3 1
20	4 2 3 1 1 1 3 1
21	4 1 13 2 1 1
22	2 2 4 3 4 1 2
23	2 2 4 2 6 3 2 1
24	3 2 3 2 6 3 1
25	4 10 2 2 2 1 1
26	1 4 3 2 2 2 3 1 1
27	3 2 7 2 5 1
28	2 2 3 2 5 1
29	1 7 5 2 5 6 1
30	2 1 10 2 3 7 2
31	3 1 1 10 1 2 3 2 4 1
32	1 1 1 14 1 1 3 4 1
33	1 1 1 4 1 3 2 2 2 1 1
34	7 1 3 4 5 2 1 2
35	6 3 2 9 2 2 3
36	10 2 4 5 2 2 3
37	5 4 2 5 4 1 3
38	4 4 2 4 2 4 2 1 1
39	3 4 2 4 2 4 1 1 1
40	4 5 4 6 2 1 1
41	35 5
42	34 5
43	33 1
44	4 1
45	28 1

C101 아무리 말해도 못 알아들어요

난이도 ★★★☆☆

45×45

열	힌트
1	16 10 6
2	12 1 2 3 5
3	12 9 5 2 4 6
4	12 5 4 1 2 3 6
5	2 7 2 3 2 3 3
6	1 8 3 1 2 3 6
7	1 3 2 1 1 10
8	2 3 2 2 1 4
9	3 4 2 1 2 1 6
10	1 6 1 3 1 4
11	1 3 2 2 1 2 1 3
12	5 2 3 1 2 2 3
13	3 4 3 1 2 1
14	2 7 3 5
15	1 8 3 2
16	2 6 1 1 2
17	12 2 2 6
18	5 3 2 1 1 3 1 3
19	4 2 5 2 6 1 1 1 4
20	3 2 4 3 3 3 1 1 1 4
21	2 1 1 3 3 1 5 8
22	2 2 1 3 6 2 15
23	2 2 2 1 2 3 16
24	2 3 3 1 1 14
25	2 2 8 1 1 14
26	2 2 5 1 2 2 14
27	3 5 2 1 1 14
28	4 3 5 1 3 2
29	6 1 3 3 4 3 1
30	5 1 3 3 4 1 14
31	5 1 1 6 14
32	4 5 14
33	4 1 3 14
34	4 2 14
35	4 1 2 7
36	4 1 2 7
37	4 1 1 2 14
38	4 2 2 3 3 1 1 6
39	4 1 2 8 1 1 1 4
40	5 4 5 3 1 1 1 4
41	5 8 1 1 2
42	6 2 4 2 3
43	8 3 2 3 5
44	14 3 12
45	8 2 1

행	힌트
1	7 6
2	5 5 13
3	4 2 3 21
4	4 2 4 3 19
5	4 2 2 18
6	4 2 1 2 2 2 17
7	5 1 2 2 2 3 8
8	5 2 2 2 6
9	7 2 4 1 4
10	9 7 2 3
11	10 9 4 3 3
12	6 3 6 2 5 1
13	1 2 8 9 3 1
14	3 2 6 2 3 2 2 1
15	1 2 5 2 2 3 2 2 2 1 1
16	6 3 4 3 2 1 1
17	4 4 2 1 2
18	2 3 5 3 1
19	2 3 4 3 2
20	1 2 3 2
21	1 2 3 1
22	5 5 1 1 1
23	3 3 1 2 2
24	3 3 2 5 3
25	2 1 7 6
26	1 2 4 5 7
27	1 2 2 5 5 2
28	2 8 10 1
29	5 5 3 6 1
30	2 4 3 2 7 2 9
31	1 3 22
32	1 3 3 2 10 5 6
33	1 4 4 1 2 7 5 1 2
34	2 2 2 2 11 5 4 2
35	3 2 1 6 5 1 3
36	12 11 5 4 1
37	7 1 7 8 1
38	8 11 12 1
39	2 1 7 9 1
40	1 2 4 10 12 1
41	1 2 4 9 15
42	1 2 2 2 9 11 3
43	1 2 2 4 9 11 3
44	1 2 2 4 2 6 2
45	1 2 2 5 1 1 2

C102 + C103 심술궂고 욕심이 많은 부부예요

45×45

4 12	2 2 8 4 10	3 3 4 6 11	3 3 2 5 11	12 2 4 13	12 2 3 13	7 3 2 3 13	7 2 1 3 14	10 3 2 5 14	6 3 2 5 14	4 1 1 4 1 4 14	4 1 2 1 5 5 13	4 3 2 1 4 6 12	3 1 2 1 9 3 12	3 1 2 1 4 1 2 12	2 3 1 2 6 2 2 11	3 5 1 3 2 4 12	2 1 2 3 8 2 11	3 1 1 3 1 3 2 8	7 2 2 3 2 3	7 2 4 3 2	12 6 1 1 5 4 2	2 7 1 1 1 1 4 4 1	2 3 1 1 1 1 1 1 3 2 4 2 2	5 5 1 1 14 11 1	2 1 2 2 1 1 4 10 3	2 1 5 1 1 4 9 1	2 1 6 1 3 9	2 1 1 8 11	2 1 4 11 2	2 1 3 3 3	2 1 3 4 4	2 1 3 3 4	2 1 2 7	2 1 2 7	2 1 1 6	2 3 6	2 2 5	2 1 4	2 1 4	4 4	3 3	3 3	2 3	2 2

9 4
13 4
10 4 1 1
9 2 1 21
6 1 1 22
8 3 1 1 3
8 2 2 1 1 18
9 3 5 1 1 2
1 4 1 2 3 3 1 3
1 2 1 1 2 1 2
6 3 6 2
6 1 3 2 1
6 6 2 3 1 2
5 3 3 1 2 1
2 3 2 5 2 2
2 11 2 3 1
1 3 3 5 1 2
1 1 3 3 2 1 1 1
2 2 5 3 6
1 11 4 2
1 6 1 1
1 1 1 4 1
1 1 1 1 1 1
1 2 1 1 8
1 2 1 2 2 1
2 4 1 11 2
3 14 4 1
12 2 3 6
13 2 10
14 2 4 2
4 4 2 1 5
1 7 4 2 9
12 2 1 8
15 2 2 9
18 1 7 1
18 1 6 1
19 2 5 2
19 1 5 2
19 1 4 3
19 4 4
19 2 7
19 2 12
19 2 15
15 2 3 15
9 3 11

+

난이도 ★★★☆☆

45×45

Column clues (top to bottom, columns 1–45 left to right)

Column	Clues
1	3 2
2	3 2
3	3 2
4	3 2
5	3 3
6	3 3
7	1 1 3
8	1 2 4
9	1 3 7
10	2 2 2 4
11	2 3 1 3
12	2 4 2 2
13	2 1 3 3 2
14	2 1 4 1 2 1
15	2 2 6 5 2 1
16	2 3 8 2 2 1 1
17	2 1 2 11 2 2 1 1
18	2 1 3 3 4 2 5
19	2 1 3 1 1 2 4
20	2 1 3 1 1 1 4
21	2 1 8 5 1 2
22	2 1 3 2 1 1 1 2 2
23	5 7 13 2 2
24	2 3 2 4 1 2 2
25	2 1 2 3 1 1 2
26	13 2 7 2 2
27	2 2 2 4 2
28	6 2 2 2
29	3 2 1 2 2
30	2 5 2 2 4
31	4 2 4 1 3
32	9 3 5 2 3
33	6 3 3 5 2 2
34	1 4 1 2 6 3 2
35	3 4 1 1 3 1 2 2
36	4 5 1 2 5 2
37	4 6 1 2 4 2 2
38	3 9 2 2 3 1 1 2
39	5 6 2 3 5 2 3
40	2 5 4 2 4 4 5 1 1
41	3 3 27 2
42	3 2 8 11 5 2
43	3 2 5 4 3 1 3 3
44	5 7 6 2 5
45	3 3 2 6

Row clues (left to right, rows 1–45 top to bottom)

Row	Clues
1	2 3
2	3 8
3	4 1 5 4
4	5 1 1 2 6 3
5	23 1 3 2 4
6	6 15 1 7 2 2
7	4 1 1 8 3 2
8	17 1 13
9	4 2 1 1 2 5 3
10	3 2 1 1 4 7 2
11	3 2 1 1 1 2 6 2
12	3 1 1 1 2 2 7
13	2 2 2 2 1 8
14	3 1 3 5 1 5
15	2 4 3 1 4 4
16	2 2 1 6 3
17	3 2 1 1 3 4
18	2 1 1 1 4
19	2 2 3 2 2 1
20	3 3 2 8 4
21	3 1 4 5 6
22	9 13
23	1 2 5 4
24	1 3 3 3
25	1 1 1 1 4
26	2 1 2 2 1
27	7 1 5
28	1 1 1 2 5
29	1 1 1 3 6
30	3 1 3 6 2
31	3 1 1 10 1 1 1
32	2 4 3 7 2
33	2 4 7
34	2 2 1 4 1
35	2 2 7
36	1 6 1
37	1 1 1
38	3 1 2 1
39	2 5 4 2
40	1 1 2 2 2 1
41	1 2 2 2 2 2
42	3 2 5 2 2
43	7 6 3 3
44	13 22
45	40

C104 감히 나한테 도전장을 내밀어?

난이도 ★★★☆☆

45×45

Column clues (top to bottom)

Column	Clues
1	10 14
2	9 3 3
3	6 4 4 2 1 1 2
4	3 2 4 3 2 2 2
5	1 2 5 4 2 3 3
6	2 1 5 5 8
7	1 2 2 6 6 5
8	4 2 1 4 2 2 3
9	3 3 2 1 1 6 4 2
10	3 4 2 1 3 4 1 1 2
11	6 2 4 5 1 7
12	1 3 1 1 9 2 1 5
13	2 3 1 7 2 4
14	1 2 3 1 2 1 2 3
15	2 2 2 1 5 1 1 2 1 3
16	5 13 4 2 4 3
17	3 10 3 2 9
18	3 1 9 12
19	2 2 1 23
20	6 3 2 23
21	2 2 3 4 1 21
22	2 2 4 6 20
23	4 1 1 3 2 15 3
24	4 1 1 3 2 2 14 5
25	3 1 3 4 2 1 2 2 1 2
26	8 1 1 1 2 2 2 2
27	5 1 1 2 2 2 2 5
28	3 1 1 2 1 1 2 2 1 2
29	3 1 3 1 1 2 1 1 2
30	1 1 3 2 2 1 3
31	1 1 3 2 1 1 4
32	1 1 4 14
33	2 1 1 3 14
34	3 1 1 2 12 1
35	4 2 2 1 10 4
36	5 1 2 2 2 2 2 1
37	3 1 3 1 3 3 2 1 1
38	3 5 2 2 2 2 3
39	4 3 3 2 2 2 1
40	7 6 1 2 1 1
41	4 8 1 1 1
42	1 3 1 3 2
43	3 2 5 3
44	5 8 10
45	16 13

Row clues (left to right)

Row	Clues
1	8 5
2	3 4 3 7 5
3	1 6 2 1 4 7
4	2 2 2 1 1 3 16 3
5	1 3 1 3 5 4 7
6	1 3 1 2 6 1 2 3
7	1 2 1 2 5 2 2 2
8	1 2 1 2 5 3 2
9	2 2 1 3 4 1
10	2 2 2 6 5 3 1 1
11	3 2 2 1 6 3 2 2 1
12	2 2 2 3 1 3 3 4 1
13	4 3 1 2 3 5 1
14	6 1 1 4 1
15	10 1 3 4 8 2
16	7 9 6 3 4 2 2
17	8 4 2 4 2 3 2
18	8 3 3 2 2 3 2
19	2 5 3 4 1 3 2 3
20	3 3 2 13 6 2
21	5 2 9 4 4 2
22	7 13 4 3
23	12 12 2
24	1 8 11 1
25	1 2 1 8
26	5 1 1 8
27	1 2 3 12
28	3 2 3 2 6 2
29	2 1 2 2 6 3 1
30	2 1 6 4 2 1
31	1 1 11 4 1
32	1 15 6 1
33	1 12 8 1
34	1 2 1 10 4 5 2
35	1 3 3 14 4 2
36	1 2 1 13 6 2
37	1 3 2 8 9 2
38	2 2 2 6 4 4 2
39	8 3 6 2 2 4 2
40	22 1 1 4 2
41	20 1 4 2 2
42	21 2 2 3
43	11 1 2 2
44	3 1 2
45	8

C105 가지런히 정리해요

난이도 ★★★☆☆

45×45

열	열 힌트 (위→아래)
1	2 6 4 3
2	3 2 2 9
3	3 4 1 6 3
4	3 7 1 4 1 3
5	3 4 7 4 2 3
6	2 7 5 4 5
7	2 9 5 4 6
8	3 16 4 7
9	1 3 20 4 1 4
10	1 4 14 4 1 4
11	5 2 10 4 2 4
12	5 1 8 4 6
13	9 4 4 5
14	10 2 5 3
15	7 2 5 4 5
16	8 3 5 2 2 3
17	8 2 6 1 6
18	8 2 8 1 3 4
19	7 1 10 2 3
20	7 2 1 1 7 3 5 3
21	10 1 1 8 4 1 6
22	8 2 1 2 5 8 5
23	7 2 2 9 5 2 4
24	7 2 2 4 1 2 5 2 4
25	5 2 2 1 1 4 6
26	9 1 2 4 5
27	5 2 7 1 4 4 2
28	10 1 1 6 4 1
29	1 3 3 2 1 3 1 4 2
30	3 3 4 3 3 2 3 2
31	2 1 2 5 8 3 3
32	2 1 8 4 1 6 3
33	5 8 4 1 5 3
34	6 1 3 2 5 4
35	2 2 4 7 5
36	8 4 6 5
37	2 4 4 6
38	3 4 6
39	5 2 4 7
40	1 20 7
41	2 3 1 8
42	1 17 2 8
43	2 3 4 2 2 9
44	1 4 2 1 9
45	1 3 1 2 10

행	행 힌트 (왼쪽→오른쪽)
1	4 7
2	15
3	16
4	17
5	17 3
6	3 19 3
7	5 12 2 3
8	8 2 3 2 2 1
9	11 1 2 3 2
10	4 1 2 3 3 4
11	1 2 1 2 5 6
12	2 2 2 1 4 2 6
13	1 2 3 2 1 5 1 4
14	1 2 2 1 4 1 1 2
15	2 6 4 3 1 1
16	3 1 1 7 1 1 1
17	4 2 1 3 2 1 1 1
18	5 1 1 2 3 3 1 2
19	6 1 2 7 5 2
20	6 1 2 7 1 3 2
21	6 2 3 7 2 1 2
22	9 6 1 1 6 1 1
23	3 6 8 1 2 1 1
24	5 6 8 4 1 1
25	1 4 5 10 2 4 1
26	1 9 7 1 6 2
27	1 9 8 5 9 2
28	1 10 4 3 12 2
29	2 9 2 10 2
30	4 7 2 12 3
31	6 16 1
32	3 9 4
33	5 6 4 2
34	9 4 2 2 2
35	14 1 1 1 1 2 4
36	13 1 1 1 2 2 6 1
37	10 1 8 3 6 3
38	6 3 2 2 10 5
39	3 4 3 2 2 9 7
40	4 2 2 4 2 3 5 9
41	2 5 2 1 2 7 11
42	3 9 11 12
43	14 9 15
44	13 5 17
45	5 4 18

C106 역사적인 순간이에요

난이도 ★★★☆☆ (3.5)

45×45

세로 열	힌트
1	13 2 1 1
2	6 2 2 5 2 2 1
3	11 3 1 1 2 2 1 1
4	2 1 1 3 1 1 1 2 1 1 1
5	1 1 1 2 2 2 1 3 1 1
6	2 9 1 2 2 1 4 1 3
7	1 2 4 8 1 1 8 1
8	1 2 4 2 4 3 2 3 3 1
9	3 7 3 6 3 2 1 1 1
10	2 2 1 3 10 1 1 2 1 1 1
11	2 1 1 4 8 2 1 3 1 1 1
12	2 1 7 4 2 1 1 2 2 1 1
13	2 1 8 2 1 1 1 1 3 1 2 2
14	2 1 9 1 1 1 1 1 12
15	2 1 9 1 1 1 1 5 1 2
16	2 11 2 1 1 1 8 3
17	2 9 2 1 1 1 1 3 8
18	2 8 5 2 1 1 3 1 1 2
19	3 7 11 1 1 3 2 1 1
20	4 5 3 4 2 1 3 1 1 1
21	6 3 5 2 2 1 1 1
22	1 9 5 4 1 3 3 1
23	2 1 1 2 2 4 1 2 3 1
24	12 5 12 2 1
25	2 1 3 1 4
26	2 4 2 2 3
27	2 2 2 4 2 3
28	3 1 5 2 5
29	1 1 5 2 1 3
30	1 1 3 1 1 3
31	1 5 3 2 5
32	7 4 2 4
33	2 1 4 2 3
34	20 20 1 1
35	19 20 3
36	12 1 3 1 2 1 2 3
37	12 2 2 4 1 3
38	12 5 3 3 2
39	13 2 3 2 2
40	12 2 3 3 2
41	12 2 3 2 1 2
42	12 3 2 2 1 2
43	12 3 2 2 1 2
44	12 3 2 3 2
45	12 4 2 2 2

가로 행	힌트
1	16 1
2	3 15 6 3
3	2 2 3 2 12
4	1 2 5 2 1 12
5	5 2 3 4 12
6	1 1 2 6 2 1 12
7	1 1 2 9 1 1 12
8	1 1 13 1 1 12
9	1 1 2 9 1 1 12
10	1 1 2 10 1 1 12
11	1 1 12 1 1 12
12	5 11 2 1 12
13	2 2 8 6 12
14	1 3 4 3 3 2 4
15	1 6 3 1 2 2
16	1 2 5 4 2 3 2
17	1 1 10 1 1 6
18	3 3 2 1 2 6
19	1 10 1 2 2 2 2
20	4 2 1 2 1 2 3 1
21	2 2 2 1 2 1 2 1 1
22	1 2 3 2 4 2 3 1
23	1 6 4 1 6 2 2
24	1 4 11 1 5
25	5 3 5 2
26	2 5 3 2
27	1 2 3 4 2 2
28	1 1 10 2 11 3 1
29	2 5 22
30	3 1 12 4 4
31	2 3 2 5 3 7 2
32	3 1 10 1 2
33	4 4 2 1 2
34	5 4 3 2 8
35	2 12 12
36	8 4 7 1 11 4
37	3 9 1 3 6 5
38	5 4 1 2
39	6 3 3 2 2 3
40	2 6 1 1 5 2 7
41	2 2 2 3 4 2 2 2
42	8 1 4 2 2 2 5
43	2 1 2 13
44	1 6 9 11
45	26 18

C107 어머니 발이 아주 거칠어요

난이도 ★★★☆☆

45×45

열	세로 힌트
1	4 8 11 10
2	5 7 16 10
3	5 5 11 19
4	5 4 7 2 5 9
5	5 3 5 2 4 7
6	6 1 4 2 5 3 6
7	4 3 4 4 4 4 5
8	4 6 3 4 3 4
9	5 5 3 2 3 4
10	6 3 4 3 4
11	6 2 3 2 2 3 3
12	6 1 2 1 3 3
13	6 2 6 2 3 2
14	6 1 2 3 2 3 2
15	6 1 3 2 3 2
16	5 1 3 1 1 3 1
17	9 1 6 1 2 3 1
18	4 21 1 1 3 1
19	4 3 16 2 1 2 1
20	3 3 2 4 9 2 1 2 1
21	3 2 2 4 5 1 2 1
22	3 2 2 3 4 2 1
23	3 8 8 3 2 1
24	2 2 10 5 3 2 1
25	2 1 4 3 4 1
26	2 2 1 4 1
27	4 2 2 5
28	3 7 7 2
29	2 2 2 3 2
30	2 1 4 2 5 4 2
31	2 2 2 2 3 1 2
32	2 1 4 3 3 2 1 1
33	3 1 1 1 4 3 3 2
34	3 4 2 2 2 2 7 1 1
35	3 9 2 2 2 6 3 1 2
36	3 2 4 2 1 2 1 3 5 1
37	5 1 4 1 2 1 1 2 3 2 1
38	4 2 4 2 1 2 1 4 1 1
39	4 3 4 1 1 2 4 3
40	3 3 4 1 1 5 2
41	3 4 3 1 2 4
42	2 5 3 1 2 6
43	2 6 3 2 3 8
44	1 7 2 2 3 10
45	9 3 18

행	가로 힌트
1	44
2	43
3	23 2 9
4	19 2 3
5	5 9 3 2
6	2 6 1 2 2
7	1 1 5 1 8
8	5 2 7 2 9
9	6 1 4 1 3 7
10	5 1 1 2 5 5
11	4 3 1 5 10 4
12	3 5 7 3 7 3
13	2 6 2 3 2 4 6 2
14	2 4 1 2 2 1 3 3 5 1
15	1 3 1 2 2 1 3 3 2 1
16	3 3 3 2 1 1 3 3 2
17	3 1 1 3 2 1 2 2 2
18	3 2 2 3 2 1 2 3 1
19	3 2 3 4 3 2 2 2 1
20	3 3 4 2 2 2 3
21	3 1 1 2 3 2 3
22	4 1 4 1 1 1 2
23	4 1 4 1 2 1 2
24	3 1 1 4 2 1 1 2
25	3 2 1 1 1 4 1 2 1 2 2
26	2 4 1 2 4 1 2 1 2 2
27	3 2 2 1 4 2 1 1 4 7
28	3 4 1 3 1 2 1 3 2 3
29	3 10 1 6 2 1
30	4 8 2 3 3 1
31	3 3 1 2 1 3 2
32	4 1 1 1 2 2 2
33	3 3 7 1 1 1 3
34	5 3 5 1 1 2 1 1
35	1 4 4 2 2 6 1
36	3 5 8 3 6 2
37	4 6 1 7 2
38	4 7 2 5 3
39	5 8 2 2 3
40	6 14 2 4
41	7 12 7 5
42	10 2 3 7
43	12 1 2 11
44	15 4 2 5
45	29 4

C108 소리가 낭랑하게 들려와요

난이도 ★★★★☆

45×45

1 1 1 1 1 1 1 3 14
1 1 1 1 1 1 1 3 4 1 6
27 3 1 6
1 1 1 1 1 1 1 3 4 2 5
27 2 1 1 5
1 1 1 1 1 1 1 3 1 1 1 5
27 2 2 2 4
1 1 1 1 1 1 1 3 1 1 1 4
1 1 1 1 1 1 1 3 1 2 1 4
27 2 1 2 3
16 9 1 2 1 3
15 8 1 1 1 3
1 5 1 1 2 3
4 1 1 2 2 3 1 2
8 3 1 3 1 2
9 4 1 4 1 2
9 8 2 4 2 1
10 3 1 1 5 1 1
9 2 2 2 6 1 1
9 1 1 3 4 1 4
7 2 1 1 1 3 1 4
6 3 1 2 2 4 2 4
4 2 1 1 2 4 2 4
2 2 2 3 3 1 5
8 2 2 1 8 2 4
4 2 2 1 2 2 3 4 2 4
3 2 2 1 7 3 3 2 3
4 3 3 5 5 3 2 4
4 2 4 7 6 1 4
4 2 1 1 4 6 2 6 4
5 2 1 5 1 1 3 1 4
6 1 2 6 1 2 1 6
7 1 3 3 5 1 5
9 6 3 2 3 2 1
6 5 2 5 2
13 3 3 2
7 3 6 2 3
2 2 1 2 2 3
1 1 2 1 2 3
2 2 2 3
4 3 3
8 4
2 5
3 6
9

1 1 1 3 7
12 3 11
1 1 1 3 5 11
12 6 13
1 1 1 3 6 2 7
12 7 1 6
1 1 1 3 6 1 5
1 1 1 3 6 3 3 1 2
1 1 1 3 5 3 2 1 3
1 1 1 3 6 1 1 4
1 1 1 3 5 1 2 2 1
1 1 1 3 5 1 3 7
1 1 1 3 5 2 7
1 1 1 8 6 4
1 1 1 3 3 2 2 2
1 1 1 2 2 6 2 2
10 3 1 2 2 3 2
1 1 1 1 1 3 2 4 1
11 2 7 3 1
1 1 1 4 3 2 1 4 1 2
17 1 1 5 1 1
1 1 1 3 4 2 6 1 1
12 3 3 2 1 1
1 1 1 3 3 2 1 2 3 1
12 6 4 4 2
12 11 3
12 3 2 3 2 1
3 3 2 1 2
5 3 4 6 2 1
4 4 2 4 2 4 2 1
3 10 1 6 1
5 4 4 4 1
4 7 2 2
4 13 2
2 4 9 2 3
1 3 11 3 3
4 3 10 4 2 3
1 4 10 4 2 5
1 4 6 5 4 7
3 4 6 15
6 5 10 5
9 15
13 10
16 7
24

D109 올 한 해도 모두 건강하게 해 주세요~

난이도 ★★★☆☆

40×50

Column	Clue
1	2 3 1 3 2 2 1 1 2
2	1 2 1 1 4 2 2 3 3
3	2 1 1 1 4 5 4 3
4	3 3 1 2 5 5 4 3 4
5	1 2 1 2 6 2 1 3 4 5 4
6	1 1 1 3 9 10 11
7	2 1 12 3 4 1 11
8	4 1 12 3 4 1 11
9	2 2 1 11 3 4 1 11
10	1 1 1 12 3 6 6 4
11	1 1 1 5 6 2 3 4 4
12	1 1 2 3 4 2 3 3
13	2 1 1 4 2 2 4 2
14	3 1 3 1 1 4
15	1 1 1 2 1 1 5 1
16	2 2 1 1 1 5 4 2
17	1 1 3 1 3 1 6 2
18	2 5 1 1 1 1 9
19	2 3 1 1 10
20	3 2 1 10
21	1 2 1 10
22	1 4 1 5 3
23	2 5 1 2
24	3 3 1 1
25	2 1 3 1 1 1 1 2
26	1 4 1 1 3 4 3
27	2 2 1 1 1 3 6 3
28	3 2 2 1 1 1 3 10
29	2 3 1 1 1 5 10
30	1 7 1 1 5 10
31	1 4 3 1 1 6 10
32	2 3 5 3 1 1 7 4 4
33	3 3 7 5 1 3 3 4
34	1 3 1 17 5 3 3
35	1 1 1 1 13 2 5 3 2
36	2 1 1 4 9 8 3 4 1
37	2 2 1 2 1 5 2 8 3 7
38	2 1 1 3 1 2 2 1 5 1 7
39	1 1 3 3 1 2 4 5 1 7
40	3 2 3 2 4 5 6

Row	Clue
1	3 4
2	2 3 4 2 5
3	4 2 3 1 4 1 2
4	1 6 2 2 2 1 2
5	5 2 1 3
6	2 2 3 3 1
7	3 1 2 3 2 3 4
8	2 1 1 16
9	1 26
10	9 10 11
11	8 5 2
12	10 12
13	5 2 5 2
14	12 6
15	6 6
16	12 4
17	10 8
18	11 8
19	10 7
20	1 7 4
21	6 6
22	5 3
23	5 5
24	2 3 6
25	1 2 4 2
26	2 3 1
27	2 3
28	4 3
29	40
30	4 5 7
31	7 2 2
32	6 13
33	15 4
34	8 10
35	8 16
36	18 12
37	5 8 8 3
38	19 15
39	4 14
40	5 4 8
41	7 3 5
42	8 6 7
43	8 7 7
44	8 7 7 3
45	6 7 7 5
46	4 7 5 5
47	8 5 6 5
48	11 5 9 5
49	13 8 11 4
50	13 9 16

D110 소원을 빌어요! 토끼가 소원을 들어줄 거예요

난이도 ★★★☆☆

40×50

열	힌트
1	3 2 2 1 7 2
2	3 3 2 3 1 2 3 2 2
3	6 1 2 2 1 2 2 2
4	6 4 1 3 3 2 4 5
5	5 4 1 3 2 3 7
6	4 7 3 5 3 7
7	4 2 6 3 1 8 7
8	4 7 2 1 8 6
9	5 7 5 4 2 6
10	4 8 5 5 1 5
11	3 3 10 3 1 6
12	3 2 7 2 1 6
13	8 4 5 2 3 6
14	5 1 2 2 2 4 8 6
15	4 1 4 2 3 2 5 6
16	3 2 1 1 3 3 1 9
17	2 4 1 1 4 2 2 2
18	3 1 1 1 2 2 2 2
19	2 4 1 1 2 1 2 3 2
20	2 2 1 2 2 1 7 2
21	2 4 1 4 1 3 2
22	1 5 1 1 2 1 2 2
23	1 12 3 1 1 5 1
24	1 12 1 1 5 2 2
25	1 8 1 1 3 2 2
26	1 8 1 2 2 1 2
27	1 13 1 2 2 2 2
28	1 12 3 4 1 1 2 2
29	2 4 1 1 5 5 9
30	2 4 1 4 4 2 2 2 5
31	2 4 1 3 2 4 2 3 5
32	3 1 1 4 1 2 5
33	2 5 1 4 4 3 5
34	4 2 1 5 9 5
35	5 2 1 2 1 6 10 6
36	5 1 4 2 2 5 1 10 6
37	9 4 5 1 6 10
38	8 3 2 1 2 2 4 6
39	4 5 8 1 1 2 2 2 5
40	26 1 7 3 4

행	힌트
1	15 7
2	9 12
3	12 9
4	14 7
5	15 4 1
6	10 2 2 4
7	6 1 1 3 2 2 1 1 6
8	3 6 1 2 2 1 3 4
9	3 3 2 1 2 2 1 2 1 2
10	2 1 1 1 2 2 3 1 1 1 2
11	11 2 5 2 1 2 1
12	7 1 1 2 2 1 1 1
13	5 3 2 1 2 2 1 1 1
14	9 1 6 5 1 1
15	5 1 6 2 1
16	8 1 11 1 1
17	2 5 1 1 6 1 1 1
18	1 1 2 1 2 6 2 1 1
19	2 1 1 1 1 4 1 1 2
20	1 1 2 1 6 1 1 2
21	2 2 2 6 2 1 2
22	7 4 6 6 6 3
23	11 4
24	11 5
25	8 4 2
26	13 9
27	6 4 10
28	15
29	2 5 3 8
30	2 1 8 2 1 6 6
31	1 1 6 2 1 1 6
32	10 1 5 5 3
33	3 4 1 1 5 3 2 6 1
34	2 3 3 2 2 2 5 1
35	1 3 3 3 4 1 8
36	2 8 1 7 1 7
37	2 2 2 2 3 3 5 1
38	2 1 2 2 1 2 6 1
39	3 3 2 7 1
40	1 1 2 1 3 2
41	2 1 3 2 4
42	1 2 4 5
43	1 1 1 4
44	4 1 1 1 1
45	12 6 4
46	39
47	22 12
48	13 12
49	14 13
50	6 7 13

D111 겨울잠을 자던 개구리가 깨어났어요

난이도 ★★★☆☆

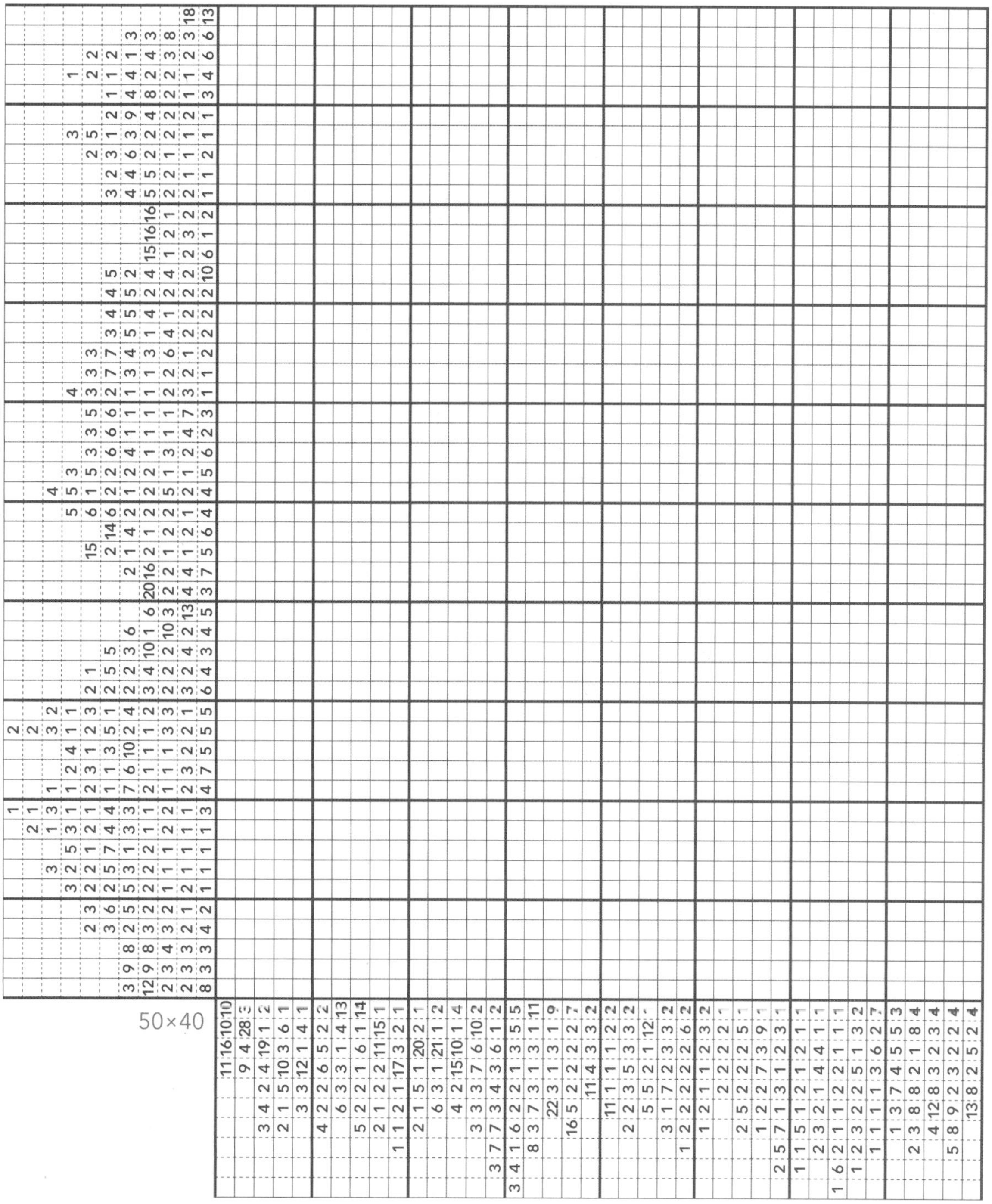

50×40

D112 지구를 지켜 줘요

난이도 ★★★½☆

50×40

열	힌트
1	28
2	41
3	7 16 1 2 1 4
4	3 1 5 2 1 2 3
5	1 1 2 6 2 1
6	1 2 4 11 6 6
7	2 7 14 2 5 8
8	3 1 1 1 6 18
9	1 1 1 1 3 3 2 12 2
10	1 8 7 12 1
11	12 3 16
12	15 2 8 1 1
13	12 6 6 1 1 1
14	9 7 2 2 2 4 1 1 1
15	6 11 1 2 3 3 2 1
16	2 2 13 2 2 1 2 1 2
17	1 3 6 5 2 1 1 1
18	1 2 2 6 1 2 2 1 4 1 2
19	2 1 7 1 1 3 3 8 2
20	2 2 1 1 5 1 2 2 4
21	2 1 2 1 7 1 2 3 2
22	3 1 3 1 3 5 1 1 1 4
23	4 1 2 1 1 2 2 2 1 1 1 4
24	4 1 1 2 1 3 1 1 1 5
25	5 1 1 1 3 5 6
26	4 1 1 3 2 6 1
27	4 6 1 5 5 2
28	5 1 1 6 1 2 1
29	5 3 4 4 1 2 2
30	7 1 2 3 4 1 8
31	1 5 1 1 1 2 2 1
32	1 6 1 2 1 2 2 1
33	3 6 4 1 2 2
34	3 5 1 1 3 1
35	7 2 1 3 1
36	1 12 1 1 1 1
37	1 5 1 1 1
38	2 1 2 1
39	5 2 2 2
40	5 5

행	힌트
1	1 4
2	5 8 4
3	1 9 2 4 1 1
4	2 2 5 7 2 2
5	1 1 5 7 3 5
6	1 1 5 10 2 2
7	1 9 8 2 1
8	5 5 7 2 1
9	1 8 5 2 2 2 1
10	2 2 4 3 2 3 2 2
11	1 1 4 2 1 2 3 1
12	1 1 4 2 3 1 1 2 1
13	1 8 4 2 1 1 2 2 1
14	1 1 1 3 1 2 2 4 1 2 1 2 2
15	3 1 5 6 3 1 4
16	3 1 7 2 3 1
17	3 1 7 5 1
18	3 1 7 1 2
19	3 2 7 3
20	3 2 7
21	3 2 5
22	3 2 2 5
23	3 3 5 5
24	3 4 2 5
25	3 2 1 6 2 3 5
26	3 2 2 1 3 3 4 2
27	3 1 1 1 2 3 3 3 2
28	3 1 3 1 3 12 1
29	3 1 29 1
30	3 1 17 4 1
31	2 1 1 1 3 4 2
32	2 1 2 2 3 3 2 3
33	2 4 3 1 2 2 4
34	2 2 1 1 3 4
35	4 4 12 3
36	2 9 1 1 1 1
37	2 8 1 2 5 2
38	2 8 2 4 2 2
39	2 8 1 2 2 1 2
40	3 12 1 2 1 1
41	6 5 6 1 1
42	2 6 3 2 1 1
43	4 7 1 2 1
44	2 8 2 2 1
45	2 7 1 4 1
46	2 6 2 6 2
47	3 3 5 7 3
48	7 1 2 6
49	3 3 1 3
50	3 9

D113 우리 모두 불조심해요

난이도 ★★★★☆

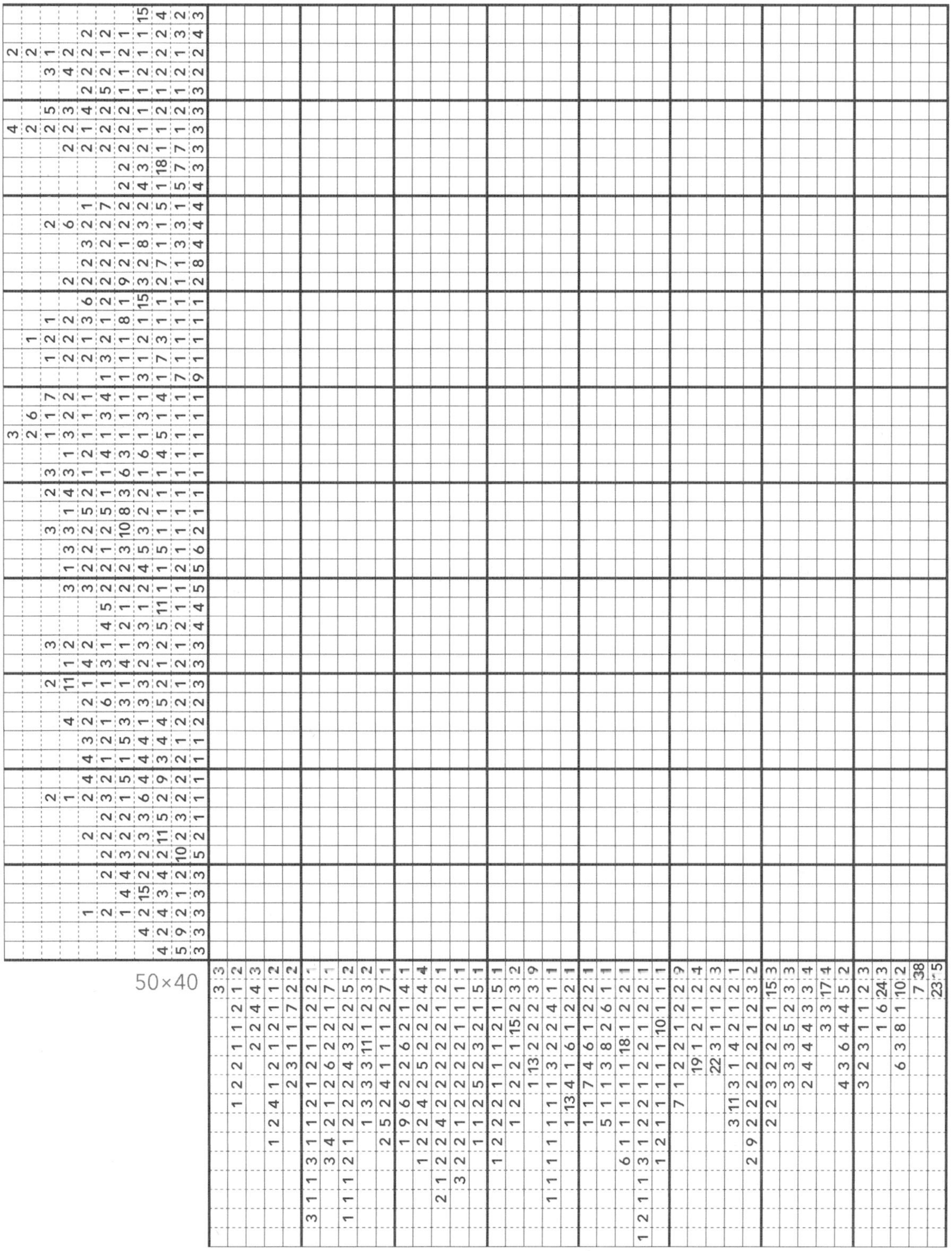

50×40

D114 우리나라를 위해 싸운 분들을 기억해요

난이도 ★★★★☆

50×40

D115 견우와 직녀가 만났어요!

난이도 ★★★★☆

50×50

1	6 6 3 8 3 1
2	4 9 3 3 1 2 3 1
3	2 9 2 5 1 5 1 2
4	1 2 14 1 1 10
5	1 2 8 2 1 2 10
6	1 2 2 2 2 4 9
7	1 1 3 2 3 1 2 2 7 2
8	1 2 2 1 1 2 1 3 9 2
9	2 1 3 2 2 2 1 3 1 2 5
10	4 1 2 1 1 2 1 2 3 4 5
11	3 2 2 1 1 1 2 1 3 5 2 4
12	4 2 2 1 2 2 1 1 3 1 4
13	6 3 1 1 3 2 1 3 3 3
14	7 2 1 2 3 3 2 3 2 1 2
15	14 1 2 2 6 1 2
16	13 1 2 5 6 1 3
17	14 1 5 9 2 3
18	11 2 2 5 9 3
19	20 2 2 8 2
20	3 12 1 1 4 1 1
21	2 11 2 2 3 1
22	1 5 1 1 1 4 2
23	1 6 1 1 1 6
24	1 9 2 1 1 2
25	1 7 2 2 4
26	2 5 2 2 2 2
27	3 9 2 1 1
28	10 4 1 1 1
29	15 4 1 1 2
30	15 1 2 1 2 4
31	15 1 1 2 2 1 2
32	5 5 2 2 1 4
33	4 7 17 3 4
34	1 3 2 3 9 2 7 6
35	5 2 4 5 2 1 1 3 6
36	7 6 5 4 6 7
37	2 3 2 3 1 7 1 7 7
38	2 4 2 4 1 2 1 1 13
39	8 4 2 3 8 4
40	2 5 3 1 4 1 5 3 3
41	2 5 2 2 6 1 6 2 3
42	13 1 2 3 2 6 1 3
43	5 5 2 2 1 1 6 1 3
44	3 3 2 1 9 1 1
45	1 9 8 2 1 3 4 4
46	15 2 1 2 3 3 1 2
47	16 2 2 1 3 3 4
48	8 7 2 1 4 3 7
49	3 13 4 1 9
50	17 3 10

1	5 9 18 4 3 6
2	3 13 8 10 5
3	2 11 7 2 2 3 5
4	2 3 8 6 2 2 3 3 1
5	1 2 7 5 6 3 6
6	1 2 9 4 10 6
7	2 4 6 4 2 8 6
8	1 2 2 6 5 1 5 6
9	3 6 8 6 2 2 4 3 2
10	7 2 18 2 2 1 2 6
11	5 1 1 13 3 1 1 2 6
12	5 7 13 1 3 2 6
13	7 2 17 1 2 4 6
14	8 12 5 7 2 5
15	5 6 3 9 4 3 1 5
16	5 3 4 1 2 2 2 2 4
17	2 2 3 1 13 1 2
18	1 2 6 1 3 1
19	1 4 4 1 3 1
20	1 8 2 3 1
21	1 1 6 1
22	5 2 3 2
23	12 5 3 4
24	1 8 4 2 5 2 2
25	2 2 3 3 11 2
26	4 4 2 1 1 2 3 2
27	1 8 3 1 2 2 1
28	1 2 1 2 3 3
29	2 2 2 1 2 2 3 2
30	1 3 3 4 2 5 1
31	2 2 1 2 3 2 9 3
32	1 1 2 1 10 2 3
33	1 2 1 2 1 5 1
34	1 2 2 3 9 1 2
35	6 4 2 1 1 4
36	1 2 1 1 6 7
37	1 2 2 3 4 2 2 7
38	2 1 13 2 13 2
39	5 3 16 16
40	6 2 13 15 1
41	12 6 1 11 2
42	10 5 2 3 1 3
43	8 9 7 3
44	5 2 2 6 6
45	8 1 2 7 1 4
46	7 5 3 5 7
47	4 5 2 8 2 6
48	3 5 3 16 3
49	14 14 2
50	13 9

D116 시원한 파도에 몸을 맡겨요

난이도 ★★★★☆

50×50

열	힌트
1	2 3 1 4 3 9 4 5 4
2	2 4 1 4 3 8 4 5 4
3	3 3 1 3 3 6 5 4 4
4	3 2 3 1 2 3 7 5 4 5
5	12 1 3 2 7 4 4 4
6	8 1 1 7 3 3 4
7	8 1 3 1 5 1 3 3 5
8	18 3 7 3 4 2 2
9	4 2 12 2 7 3 3 2 2
10	4 3 6 3 1 7 2 3 2 2
11	9 1 3 1 6 1 2 2 1 2
12	2 5 1 5 1 8 2 2 1 2
13	1 4 1 5 2 7 3 3 2 2
14	2 1 1 4 6 3 2 3 1 2
15	2 2 3 3 3 4 3 2 1 2
16	4 2 2 1 2 2 2 1 3 2 3 1
17	2 2 2 1 1 4 1 5 2 4 2 1
18	2 3 1 1 1 2 5 6 2 1
19	2 2 1 2 6 1 6 4 1 1
20	1 2 2 1 1 1 2 2 5 3 1 1
21	1 2 2 1 1 1 11 8 1
22	1 1 4 2 1 20 1
23	1 1 4 3 2 3 6 3 1
24	1 2 2 1 7 1 5 2 2
25	1 3 3 4 2 4 2 2
26	1 2 4 4 1 2 3 2 2
27	1 1 6 3 2 1 4 6 2
28	1 1 11 1 5 4 2 3
29	2 2 10 1 1 9 2 1 1
30	2 2 7 2 9 1 1 1
31	1 3 4 4 3 4 4 3 1 2 1
32	1 3 4 5 1 3 3 2 3 1 2
33	2 2 5 3 2 1 3 3 1 2
34	2 2 9 2 1 2 3 2 2
35	1 1 11 1 5 1 1 3
36	2 1 9 1 3 2 2 3
37	2 2 8 3 2 3 1 4
38	2 2 2 10 2 3 2 4
39	2 3 9 1 4 5 2 5
40	2 2 9 4 10 2 5
41	2 1 2 5 5 1 2 7
42	3 2 6 1 2 7
43	2 5 5 6 1 2 1 2
44	3 4 6 8 1 1 3
45	2 2 10 10 3 4
46	3 2 5 13 4 5
47	3 2 8 6 5 5
48	2 1 10 4 2 5
49	3 2 12 5
50	3 1 14 5

행	힌트
1	3 3 15
2	6 12 6
3	6 5 3 7
4	7 3 5 7
5	7 1 5 7 5
6	12 1 3 2 2 3 5
7	3 12 3 2 2 5 4
8	2 4 4 2 10 4 3 4
9	5 3 4 8 2 2 4
10	2 3 2 5 2 5 2
11	2 3 1 6 3 1 2 1
12	1 3 7 10 1 2
13	3 2 2 10 3 2 4
14	15 19 5 2
15	3 9 6 9 3
16	5 3 1 8 8 2
17	5 4 5 1 3 5 9 4
18	3 1 3 6 1 1 2 17
19	2 9 1 1 1 2 1 2 2 14
20	6 1 2 1 1 1 1 14
21	6 2 2 2 10
22	5 1 1 5 2 1 9
23	9 6 8 4 2 4
24	4 10 1 1 1 1 1 4
25	3 4 1 2 2 1 1 3
26	2 6 2 2 6 1 2 2 2 2
27	14 6 1 1 2 2 2
28	14 3 3 3 4 1 1
29	22 3 3 2 1 1
30	6 6 8 1 5 2 3 1
31	15 3 5 2 2 2 3
32	4 3 6 12 1 2 4
33	2 5 14 2 3 4
34	1 20 3 4
35	3 12 7 3 6
36	16 6 3 2 4 4 1
37	13 1 1 2 1 11 1
38	9 1 1 3 5 4 1
39	4 6 9 1 3 1
40	10 8 2 2 1
41	14 1 4 2 2 2 3
42	10 2 2 1 1 2 6 1
43	8 4 2 2 2 2 3 1
44	5 4 2 1 2 1 2 6 2
45	2 4 2 1 4 3 3 3
46	6 4 3 4 5
47	7 4 7 5
48	8 4 8 6
49	15 5 17
50	4 39

D117 알록달록 나무가 옷을 입었어요

난이도 ★★★★☆

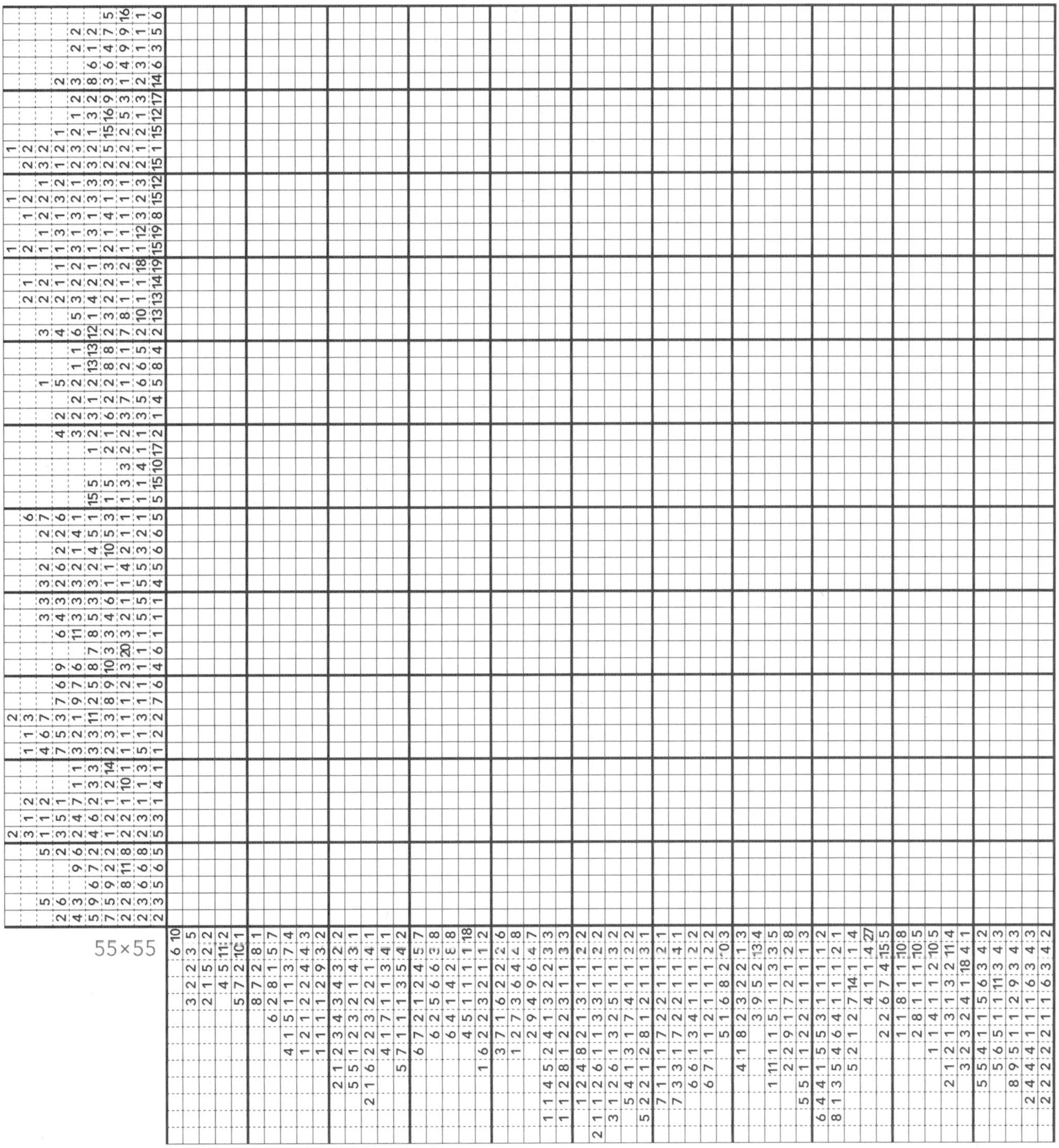

55×55

D118 천고마비의 계절이에요

난이도 ★★★★☆

55×55

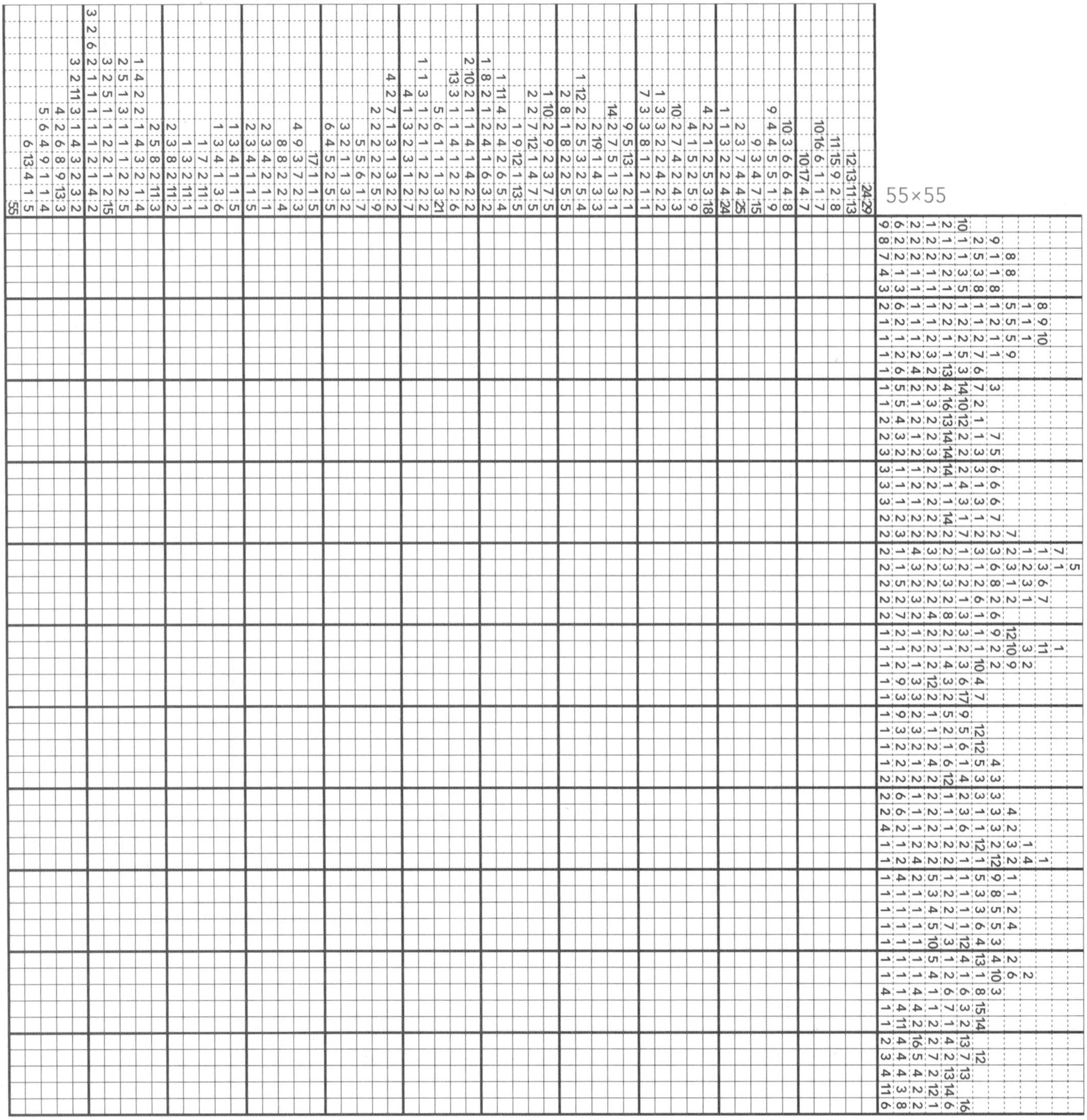

D119 우리 아이들을 사랑으로 지켜 주세요

난이도 ★★★★★

50×60

열	단서
1	20 1
2	25 1
3	42
4	46
5	47
6	48
7	49
8	50
9	26 24
10	31 17
11	32 1 4
12	28 1 4
13	24 1 4
14	13 8 1
15	14 8 1
16	15 9 1
17	11 3 9 1 2
18	5 5 2 9 1 3
19	6 4 8 5 4
20	11 8 3 2 3 1
21	9 7 4 6 1
22	4 3 9 3 1 2 3 1
23	3 9 4 2 2 1 3 1
24	5 9 9 9 2 1
25	5 8 10 2 1 2 2 1
26	6 6 12 1 1 2 1
27	4 6 4 12 1 1 3
28	4 6 4 12 1 1 1
29	7 2 10 1 1 1 3
30	8 9 2 2 1 3
31	9 8 2 1 7
32	2 8 8 4 1 3
33	2 8 5 2 4 1 2
34	8 4 4 2 1 2 2
35	8 5 4 3 2 1
36	2 9 7 2 2 2 1
37	2 25 3 4 1
38	9 7 5 2 2 3 2
39	8 5 2 2 2 3 1
40	8 5 2 2 5
41	7 5 4 4 2 2
42	11 7 3 12 3
43	12 7 16 5
44	7 7 27
45	6 7 27
46	4 5 6 26
47	4 5 7 26
48	5 7 24
49	3 4 6 22
50	5 6 17

행	단서
1	9 2 2 2 2
2	12 2 2 2 2 2
3	13 2 2 2 1
4	14 2 8 2 2 1
5	14 15 2
6	8 3 19 2
7	9 2 22 2
8	13 24
9	14 25
10	14 26
11	13 26
12	10 3 3 3 3 2
13	12 1 1 1 1 1
14	9 4 1
15	10 3 3 4
16	11 14
17	14 17
18	15 17
19	17 17
20	18 17
21	19 3 9
22	22 1 4
23	24 1
24	13 11 1
25	12 11 2
26	12 11 2 2
27	12 11 2 2
28	12 9 6
29	11 8 4
30	11 5 2
31	11 3 4
32	11 7 6
33	11 10 8
34	10 12 9
35	8 12 9
36	8 13 9
37	9 10 3 10
38	9 11 2 9
39	9 11 4 9
40	9 8 2 2 9
41	9 6 1 11
42	8 6 2 10
43	8 2 5 2 9
44	8 1 2 4 9
45	8 2 2 4 8
46	8 1 1 2 8
47	8 2 2 3 1 8
48	8 11 2 7
49	8 2 1 2 7
50	8 1 1 3 7
51	8 1 1 4 7
52	8 2 3 4 2 7
53	22 8 1 7
54	8 1 1 1 2 7
55	8 4 2 2 6
56	8 6 3 2 6
57	11 6 2 4 6
58	11 5 4 3 4
59	10 3 1 3 3
60	10 9 5

D120 메리 크리스마스~!

난이도 ★★★★★

50×60

열	단서
1	6
2	1 2 1
3	1 2 1
4	1 2 1
5	1 2 1
6	1 2 1
7	8
8	1 1 2 1
9	1 2 1 2 1
10	1 2 4 1 2 1
11	1 4 3 1 7
12	3 13 1 2 1
13	1 1 8 3 4 3 2
14	2 2 4 3 1 1 3 2 3
15	2 6 2 7 2 7 2 1
16	2 2 2 6 3 6 10 2
17	6 7 1 2 5 3 3 2 3
18	1 5 2 4 1 6 1 6
19	2 3 3 3 2 4 2 3 1 2 1
20	2 1 7 2 8 2 4 4 8
21	1 1 3 2 2 2 3 7 1 1 7 2
22	1 3 1 6 7 3 5 5 4 4
23	2 1 3 6 4 6 3 1 5 5 2
24	2 6 5 6 3 4 4
25	2 3 2 2 1 2 3 3 4 1
26	2 5 5 5 4 3 1 8 2 4
27	2 1 4 8 3 3 1 5 4 1 2 2
28	2 3 1 3 1 2 11 5 3 3 2 3 3
29	1 1 3 5 5 1 1 2 5 17
30	2 1 2 1 3 6 6 2 2 4 1
31	3 5 4 3 2 2 3 2 1
32	3 3 3 2 5 6 1 1 2 1
33	5 4 1 1 2 7 8 1
34	1 2 5 4 6 11
35	1 5 2 3 1 7 1 1 1
36	2 3 14 2 3 1 1 1
37	1 2 1 1 3 4 5 7
38	1 8 3 6 7
39	3 3 5 3 1 1 1
40	1 1 4 1 1 1
41	1 3 3 1 1 1
42	1 1 8
43	2 1 1 1
44	4 1 1
45	12
46	11
47	3 1 1
48	4 1 1
49	2 1 7
50	3 1

행	단서
1	2
2	4
3	2 2
4	4 3
5	1 1
6	2 2
7	2 2
8	2 1 2
9	2 3 2
10	9
11	2 2
12	7
13	2 6
14	5 3
15	2 2 4
16	7 2 1 4
17	3 4 4 3
18	3 1 1 2 1
19	4 1 4 5
20	7 4 4
21	4 3 1 4
22	1 2 4 1 1
23	3 14
24	2 8 1 1 4
25	8 1 5 6
26	3 2 7 3
27	4 2 4 4
28	3 2 1 1 1 1 2
29	8 1 4 3
30	3 3 2 5 2
31	3 1 6 3 1
32	2 3 5 7
33	2 2 2 1 1 1 2
34	2 9 7 1
35	4 7 1 10
36	7 2 2 1 4 2 4
37	2 3 3 5 4
38	5 3 5 2 3
39	4 2 3 5 4
40	7 7 3 3 1 3
41	5 3 2 1 5 2 4
42	3 3 5 2 3 2
43	3 6 2 10
44	8 1 2 2 2 4
45	2 1 3 2 4 3 4
46	2 2 4 4 2 4
47	3 4 1 5 4 4 2 2
48	6 2 4 1 12 3 3
49	2 5 3 1 1 1 1 1 2 5
50	4 2 1 17 10
51	6 7 3 7 1 2 1
52	12 2 2 4 1 2 1
53	9 4 4 3 7 8
54	1 1 1 2 3 4 12 2 1
55	1 1 8 1 3 1 2 1 2 1
56	11 2 3 1 1 1 9 2 1
57	13 2 3 1 1 1 7 2 1 2 2
58	1 1 2 2 2 3 1 1 2 1 2 1 2 1
59	1 1 1 2 3 4 3 1 2 8
60	17 5 9

N E M O N E M O

해답

L O G I C   P L U S

PART A

A1 야구공

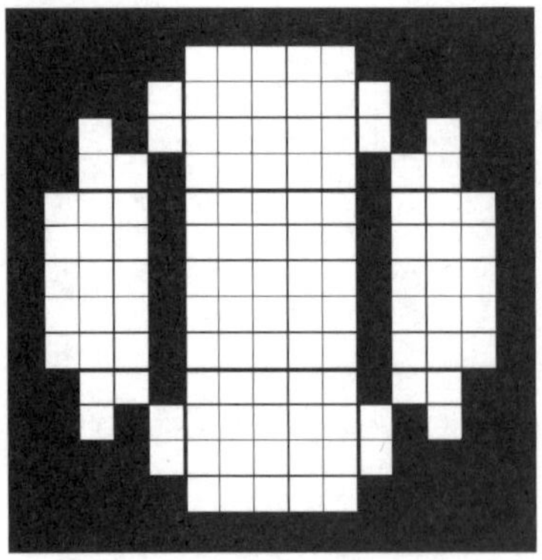

A2 태양

A3 + A4 열기구

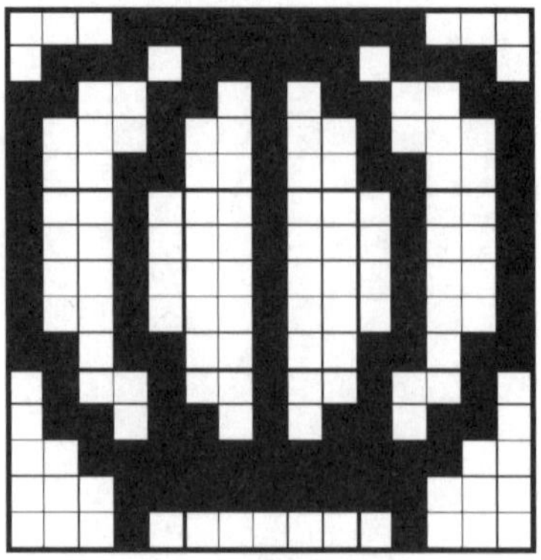

A5 시계

A6 낮은음자리표

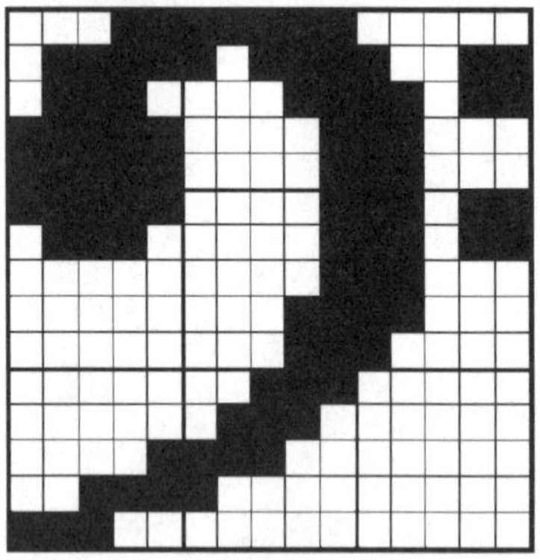

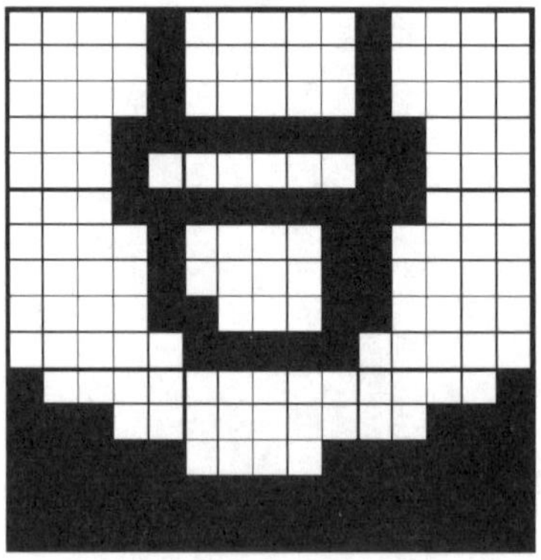

A7 러버콘

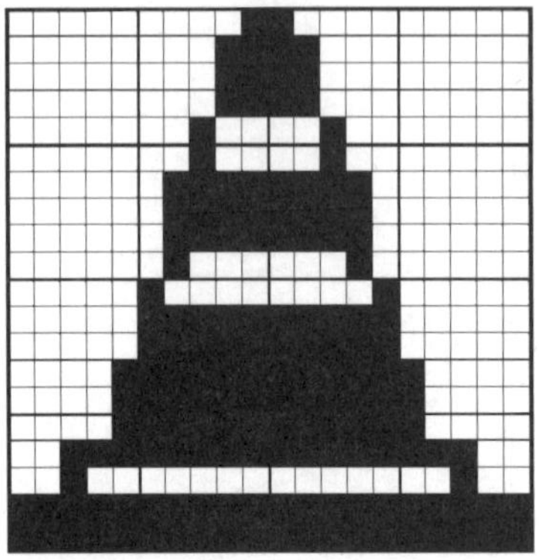

A9 + A10 캠핑 모닥불

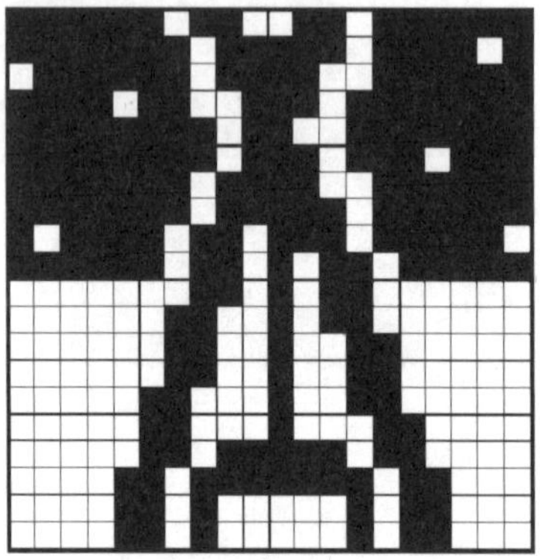

A11 + A12 파인애플

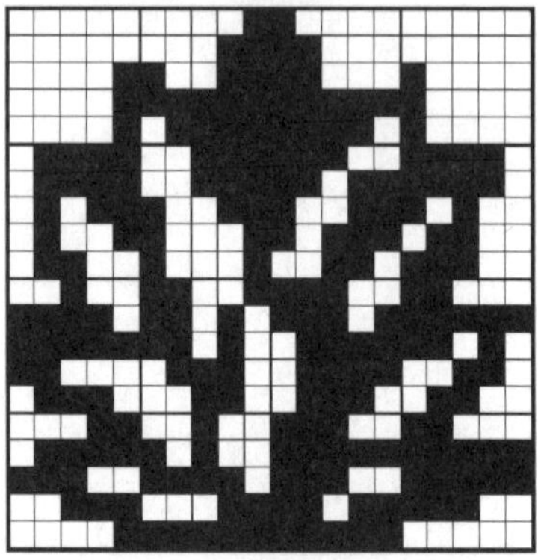

A8 양

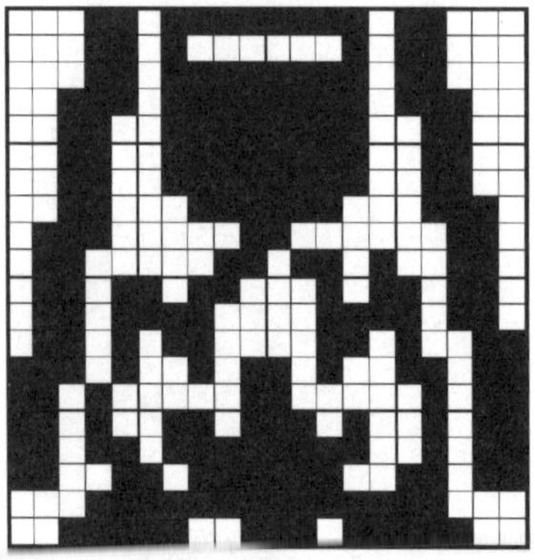

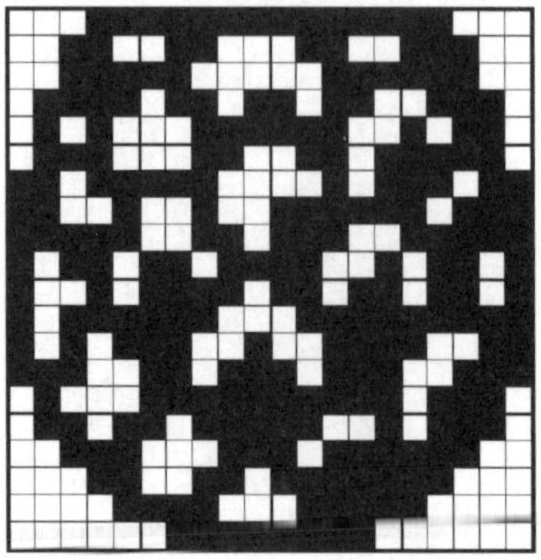

A13 + A14 거미

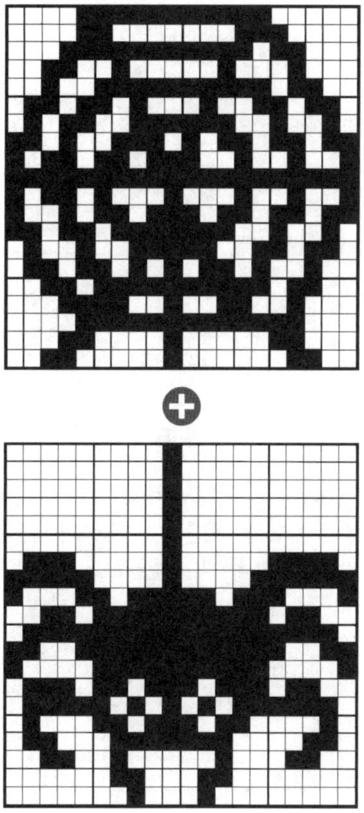

A15 세면대

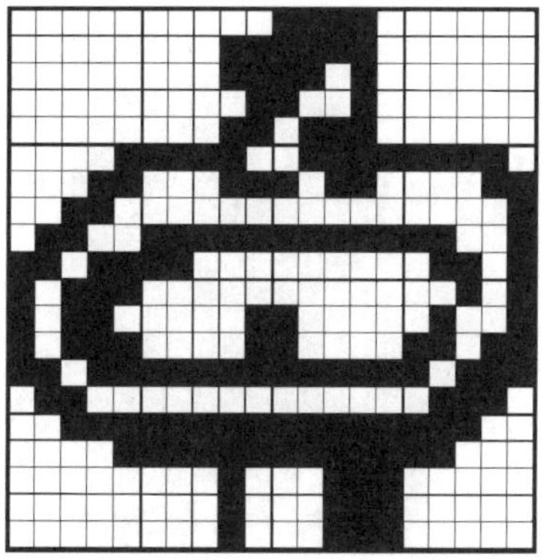

A16 외계인

A17 고글

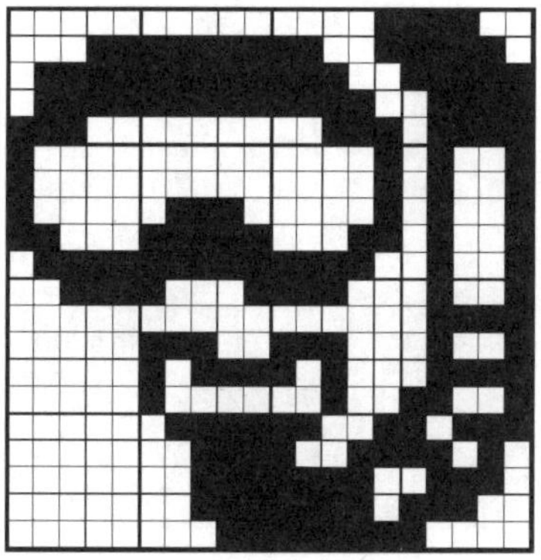

A18 크리스마스 쿠키

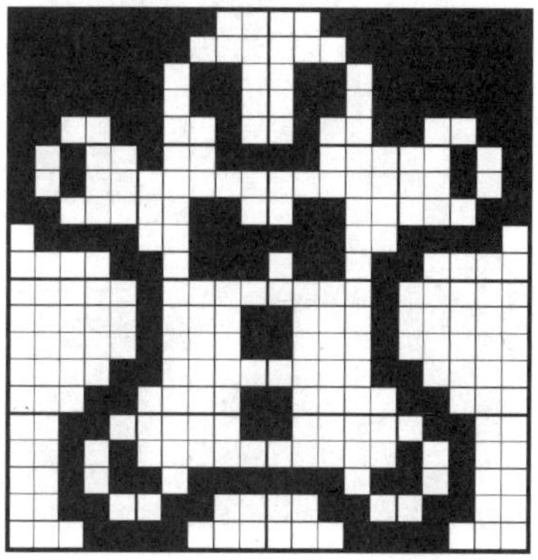

A19 파프리카

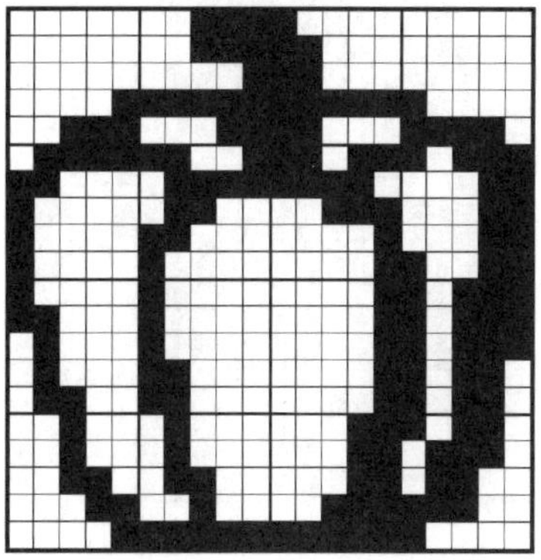

A20 도장

A21 둥지

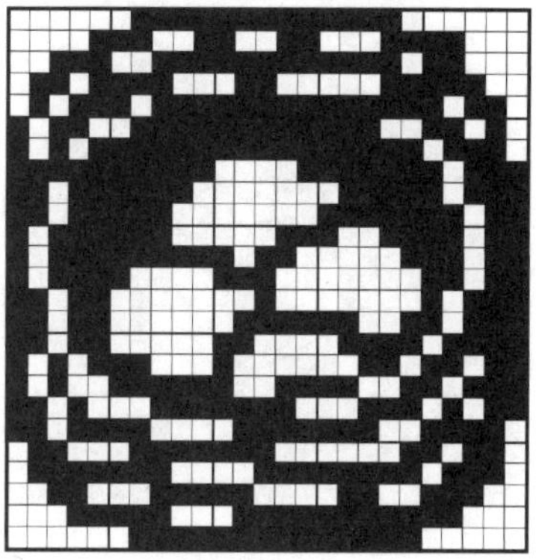

A22 넥타이

A23 종달새

A24 흑표범

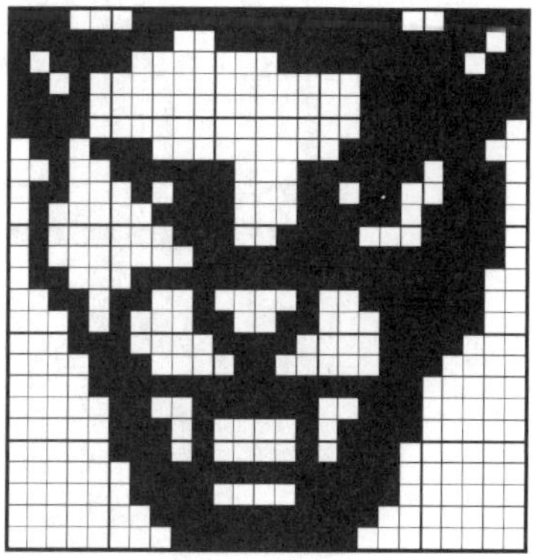

A25 곰 인형

A26 악마

A27 천사

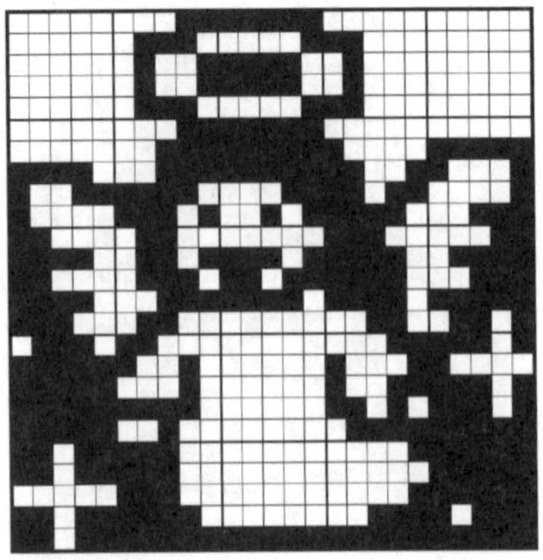

A28 + A29 펜싱

A32 노크

A30 + A31 종이컵 통화

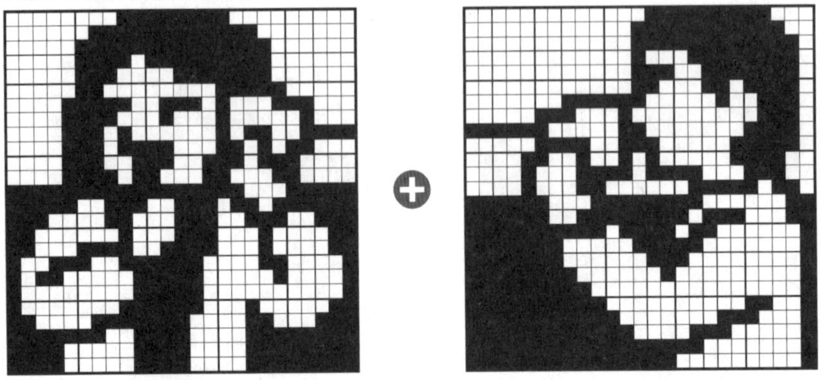

A33 대나무

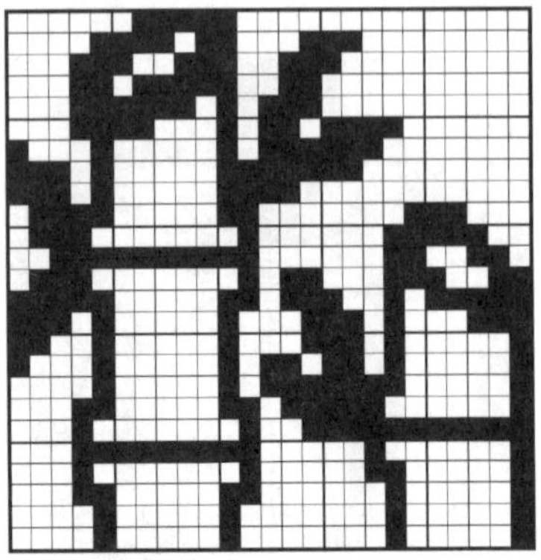

A34 촛대

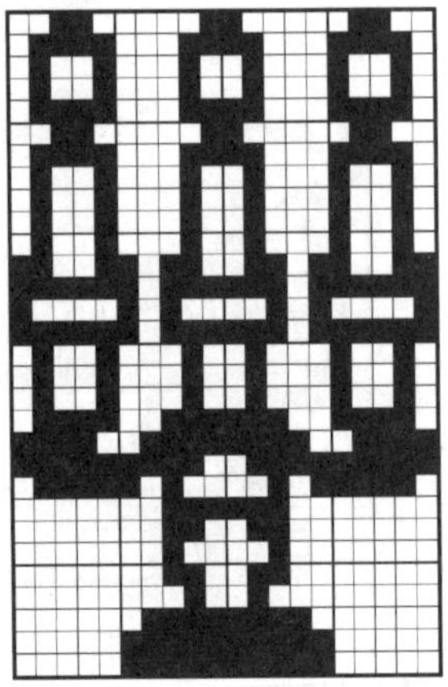

A35 칵테일

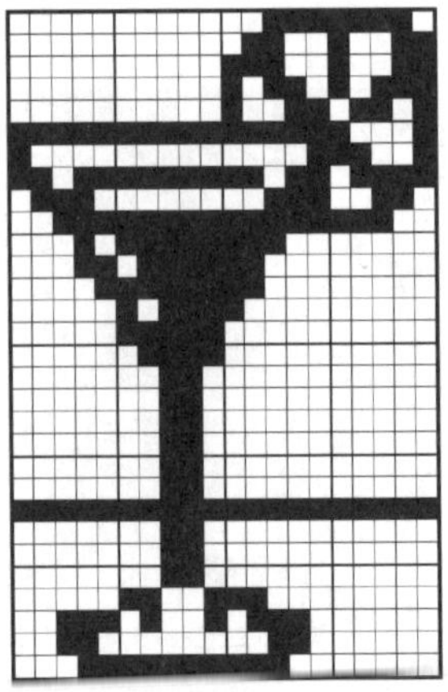

A36 깃털 펜

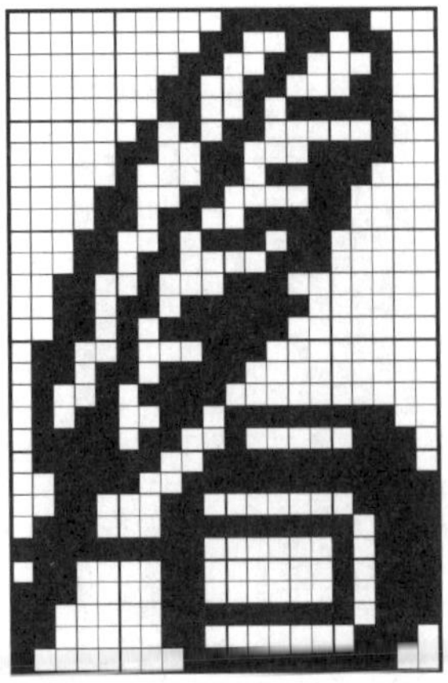

A37 족제비

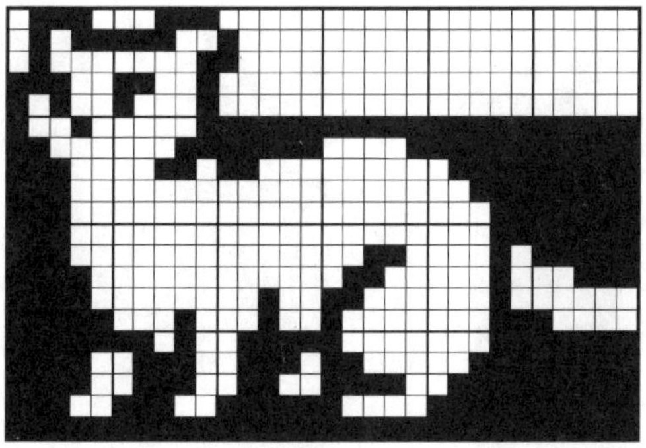

A38 포커

A39 복근 운동

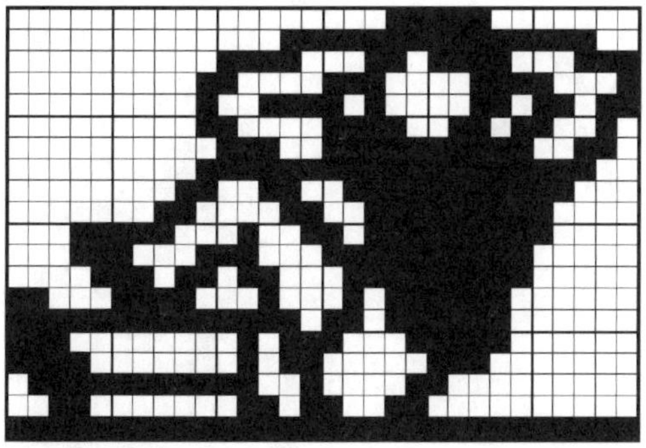

A40 소시지 문어

A41 카멜레온

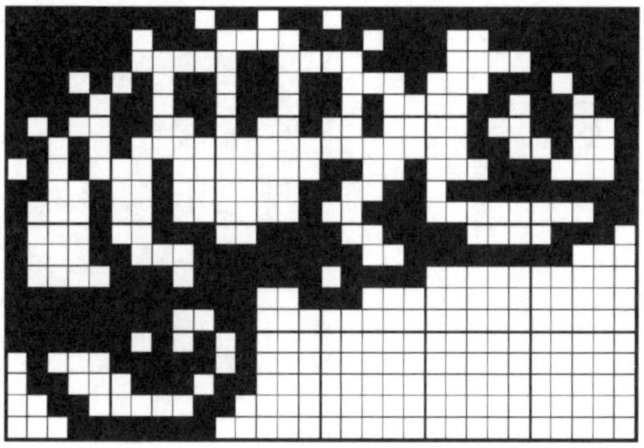

A42 랍스터

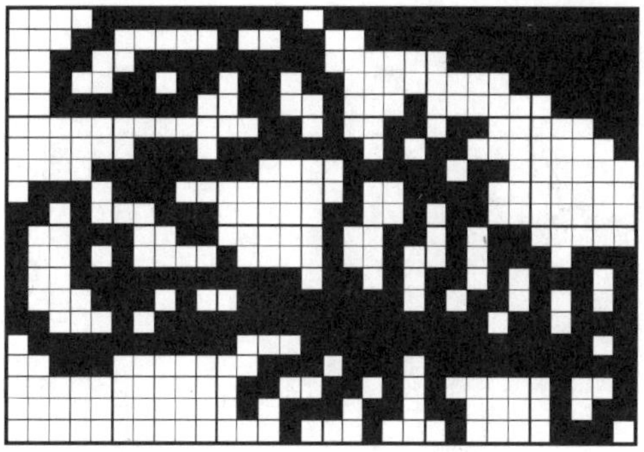

B43 판사

B44 + B45 널뛰기

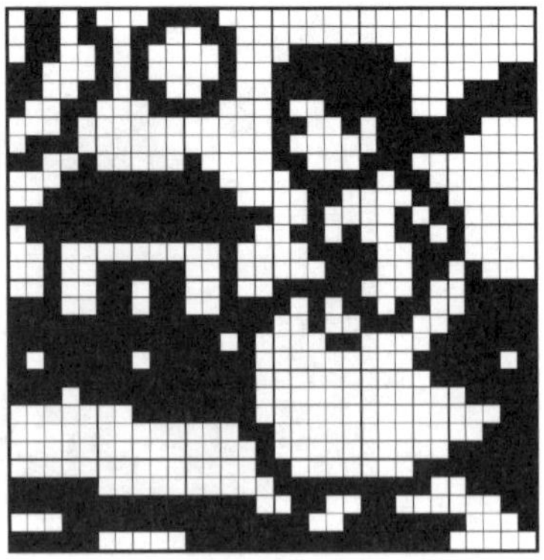

B46 + B47 사이드 레그레이즈

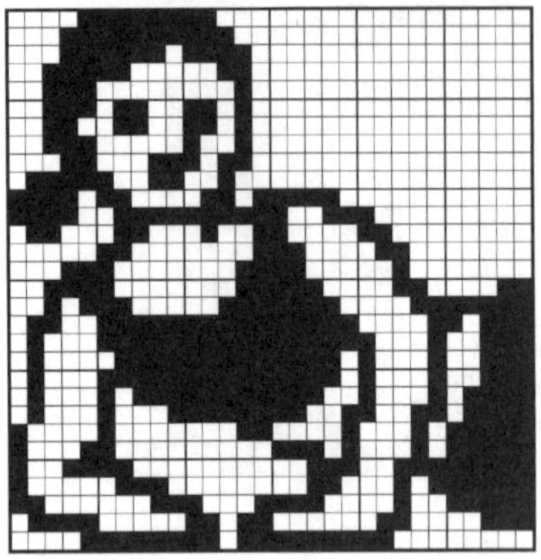

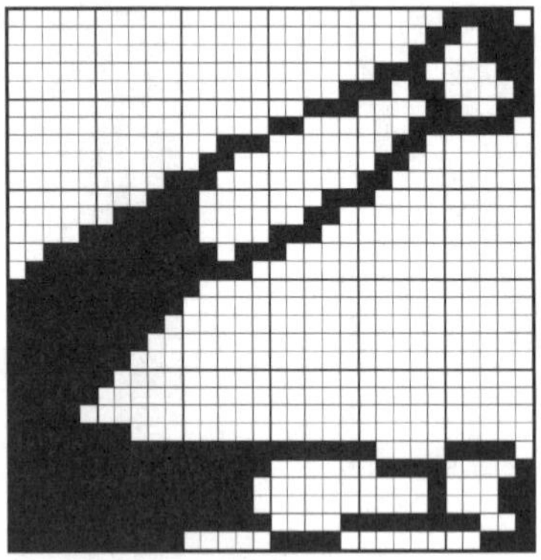

B48 터틀넥

B49 마스크

B50 천둥 번개

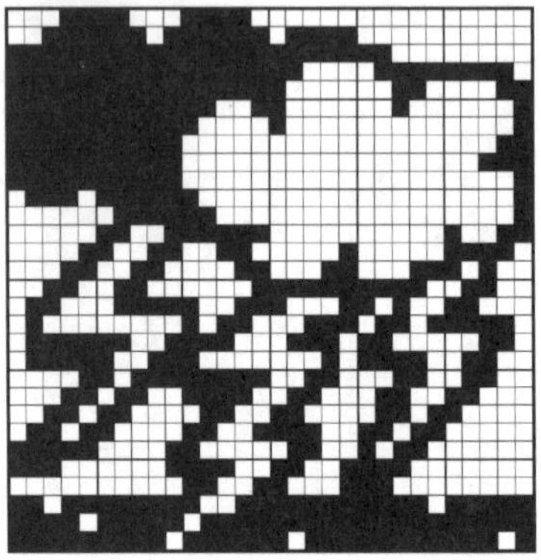

B51 사진 찍기

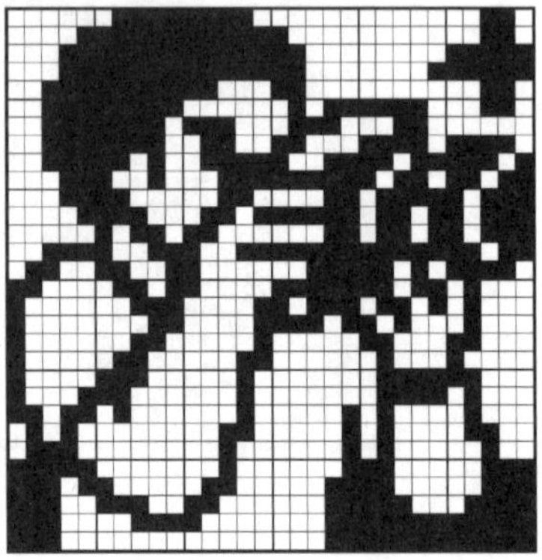

B52 팬케이크

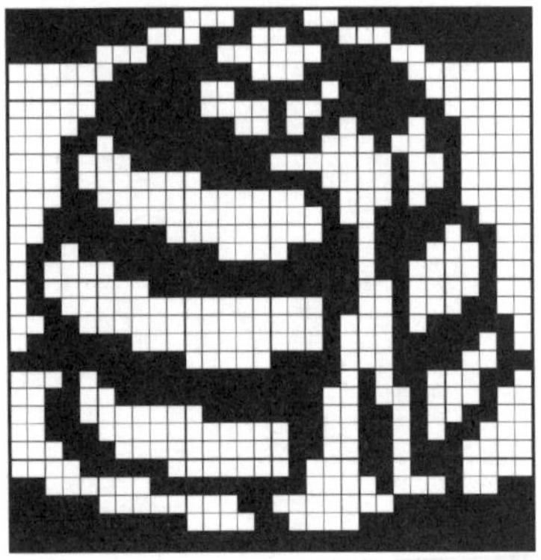

B53 선생님

B54 초콜릿 복근

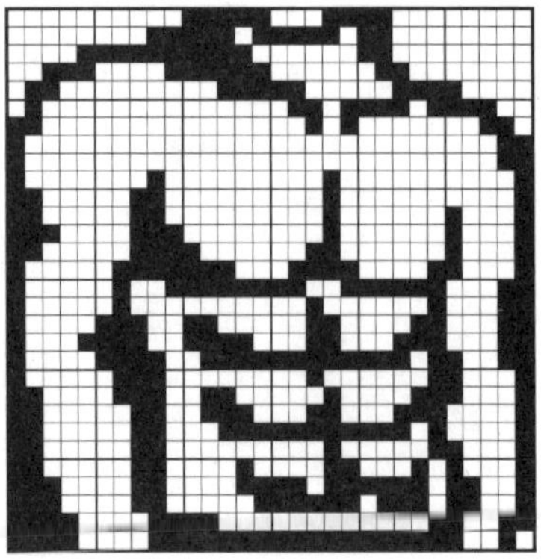

B55 무

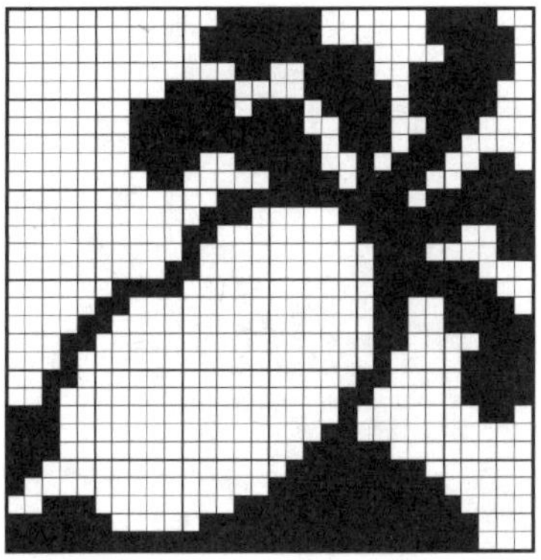

B56 환호

B57 경호원

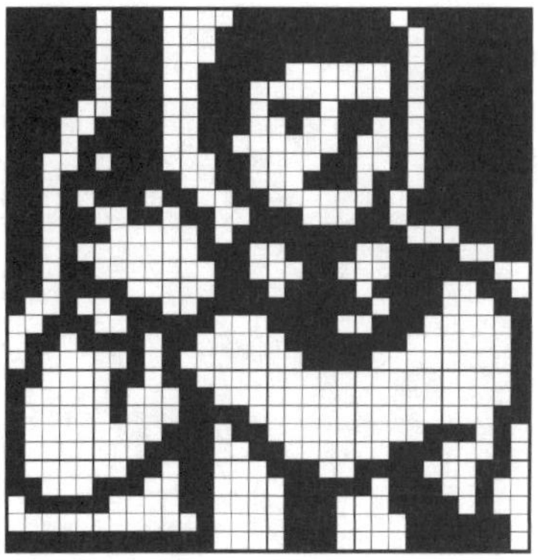

B58 이불 털기

B59 강시

B60 당근 먹는 토끼

B61 공장

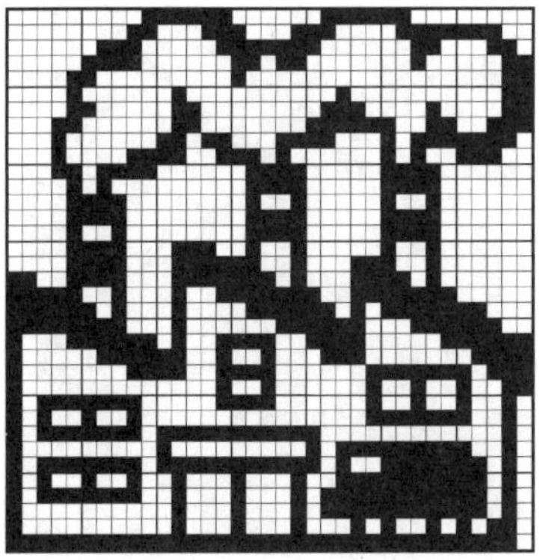

B62 지하철

B63 대포

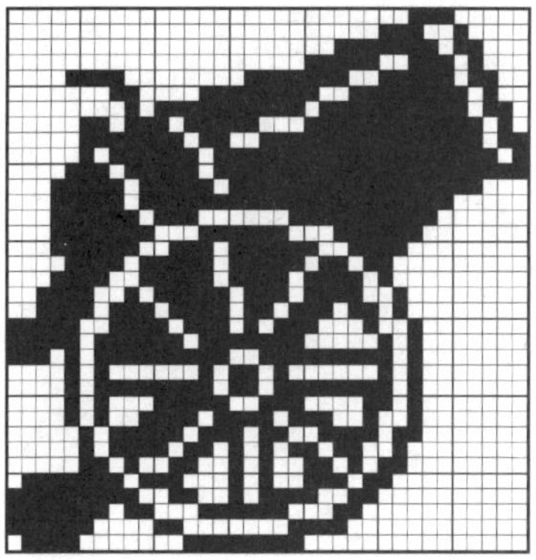

B64 인라인스케이트

B65 늑대인간

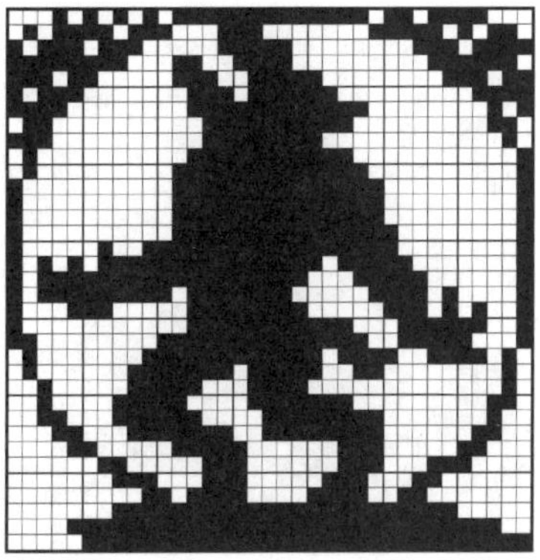

B66 우체부

B67 소화 불량

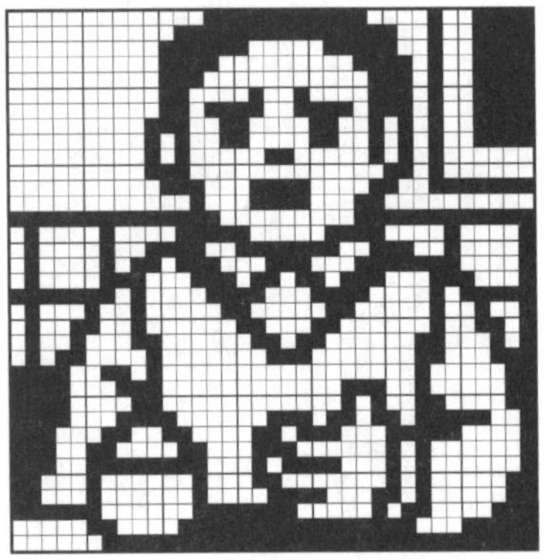

B68 + B69 교실

B70 + B71 눈싸움

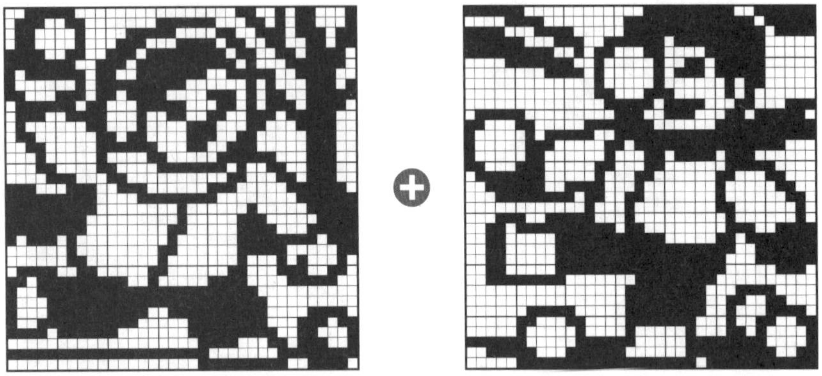

B72 강아지 유아차

B73 패딩

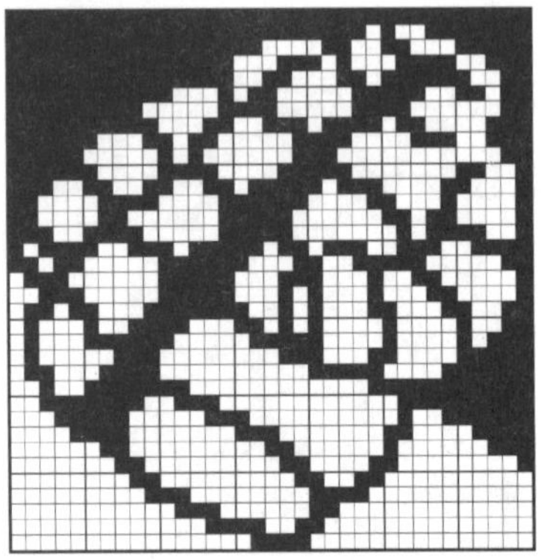

B74 헌혈

B75 비 오는 날

B76 체포

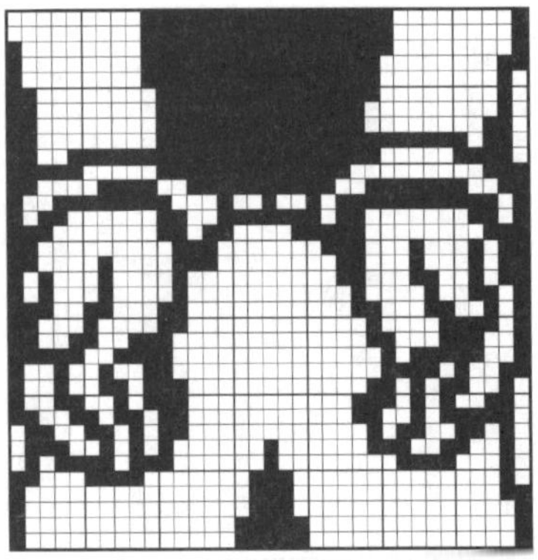

B77 곤충 채집

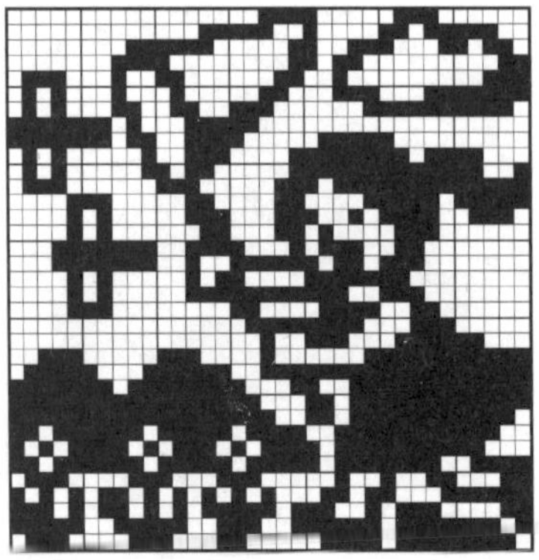

B78 붕어빵

C79 축구

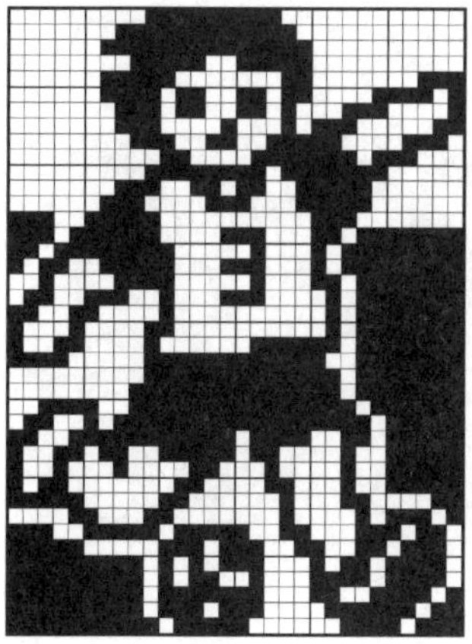

C80 + C81 코끼리 가족

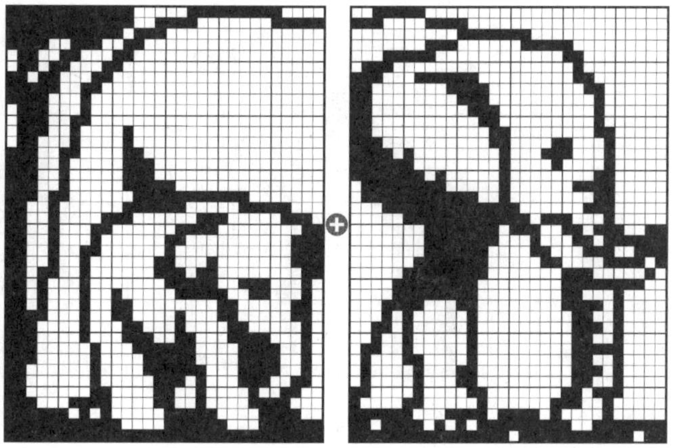

C82 암벽 등반

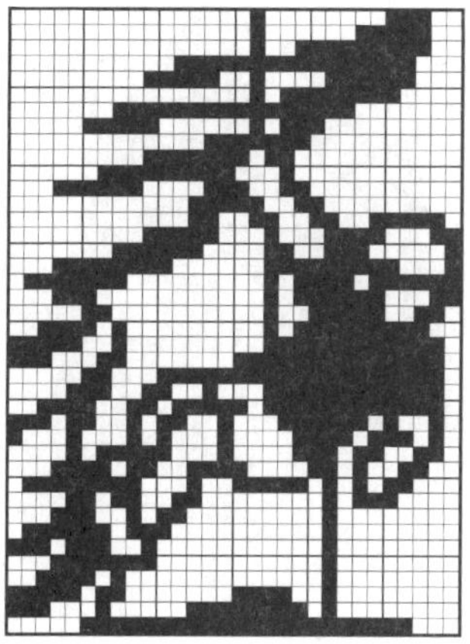

C83 파랑새

C84 스테고사우루스

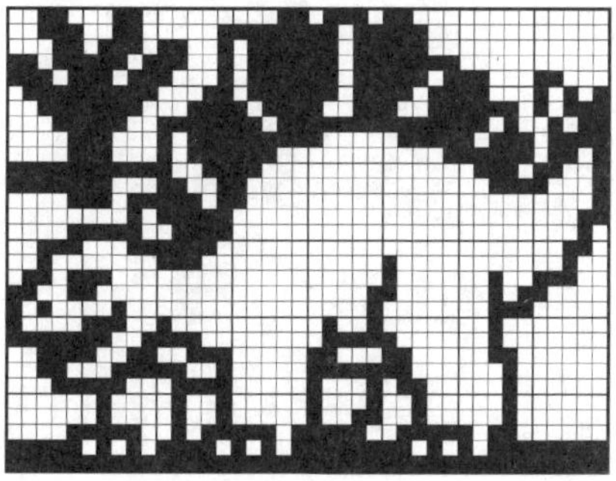

C85 몸무게 재기

C86 먼치킨 고양이

C87 귀뚜라미

C88 전투기

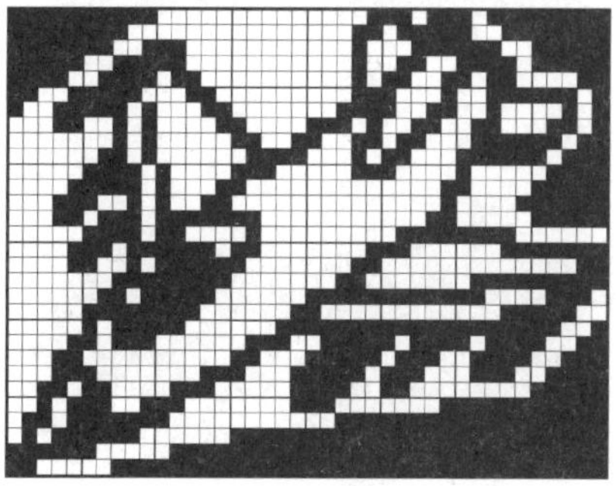

C89 황소

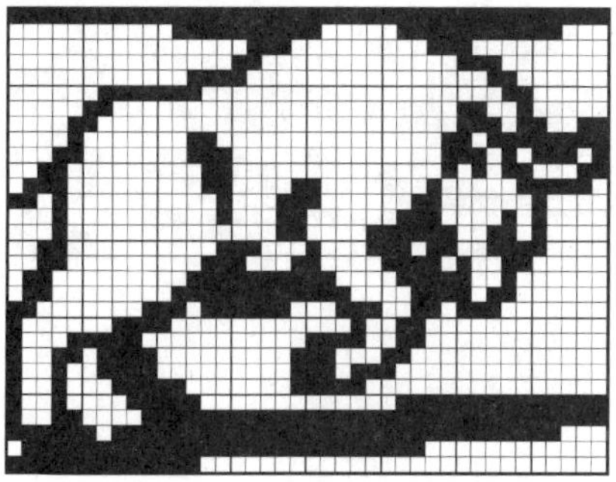

C90 러시아워

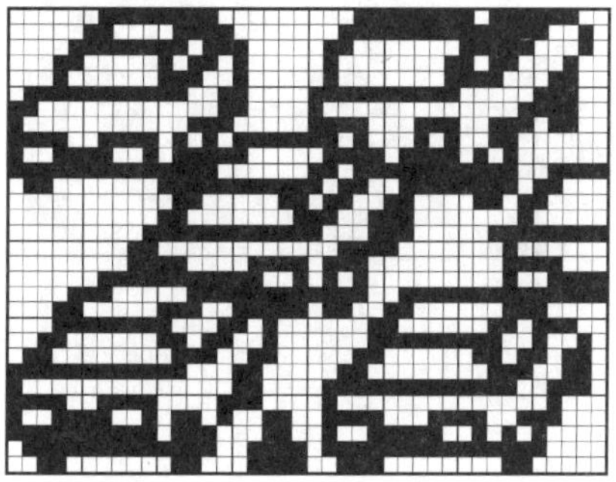

C91 스키 점프

C92 무아이타이

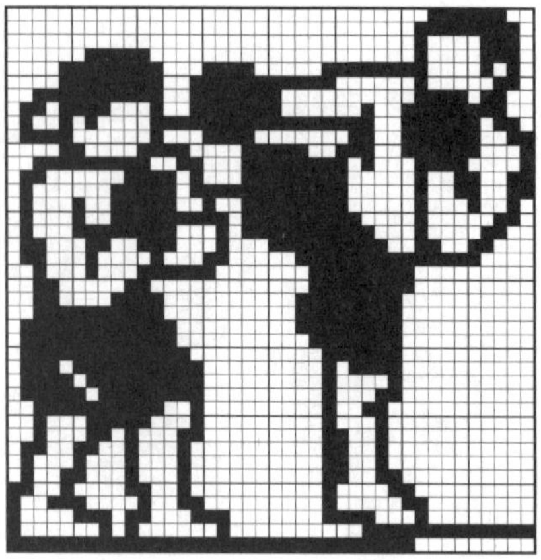

C93 닭 쫓던 개 지붕만 쳐다본다

C94 + C95 보물 지도

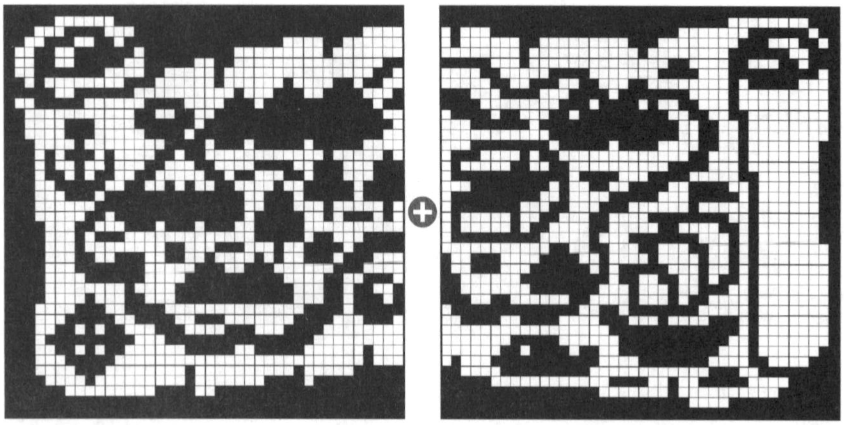

C96 카누

C97 부상

C98 막걸리

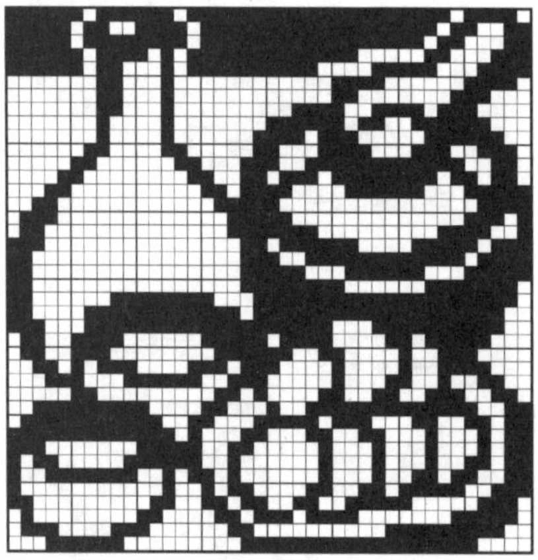

C99 효녀 심청

C100 졸음운전

C101 소귀에 경 읽기

C104 하룻강아지 범 무서운 줄 모른다

C102 + C103 놀부

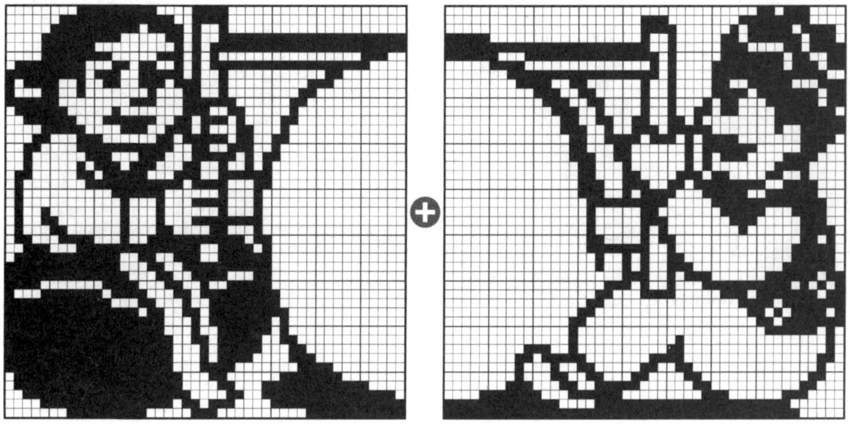

C105 신발 정리

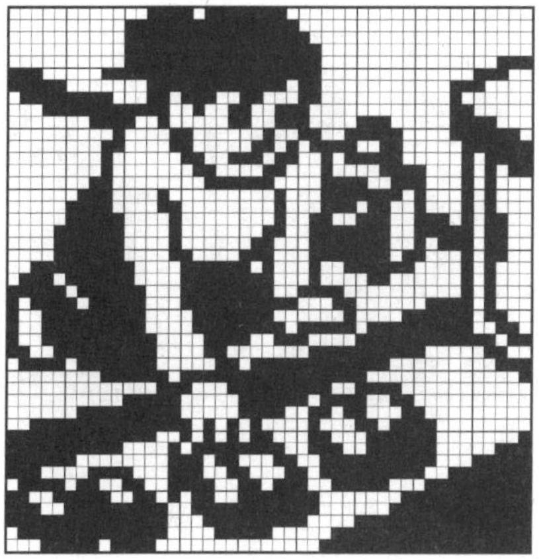

C106 달 착륙

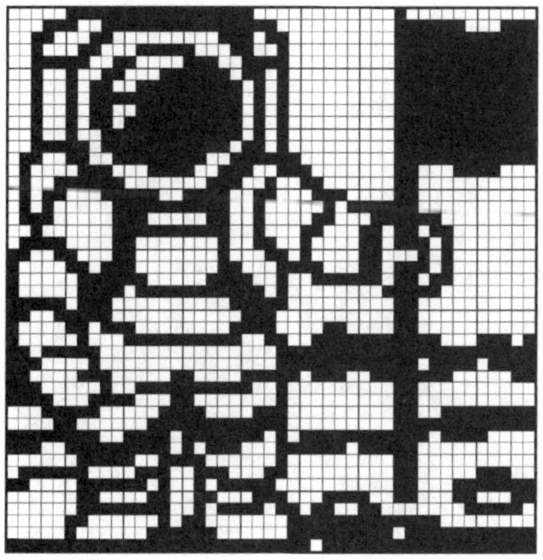

C107 세족식

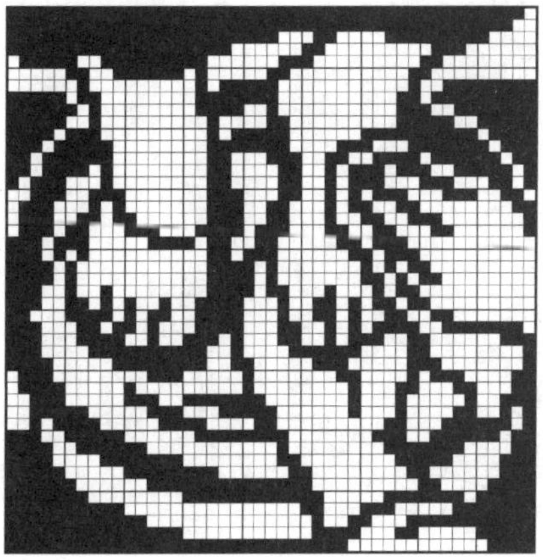

C108 다듬이질

D109 1월 해돋이

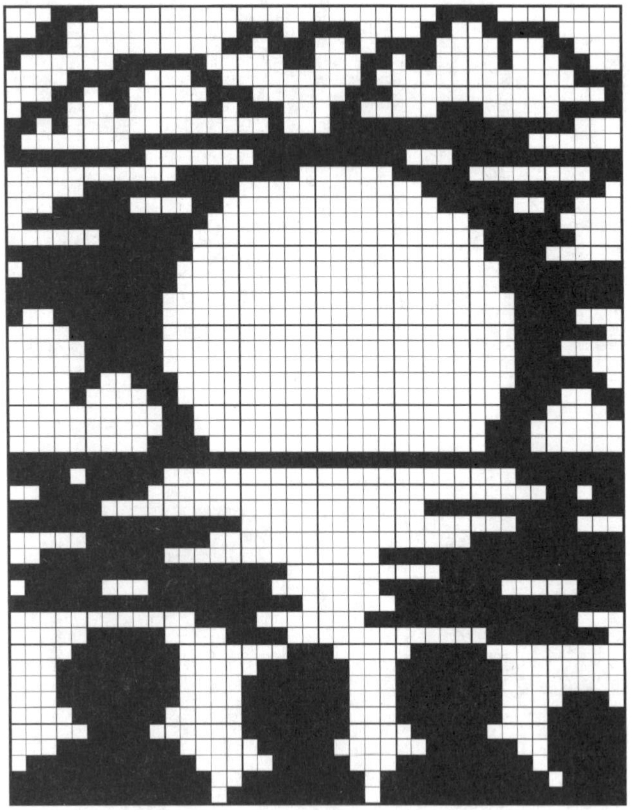

D110 2월 정월 대보름

D111 3월 경칩

D112 4월 식목일

D113 5월 방재의 날

D114 6월 호국보훈의 달

D115 7월 칠석

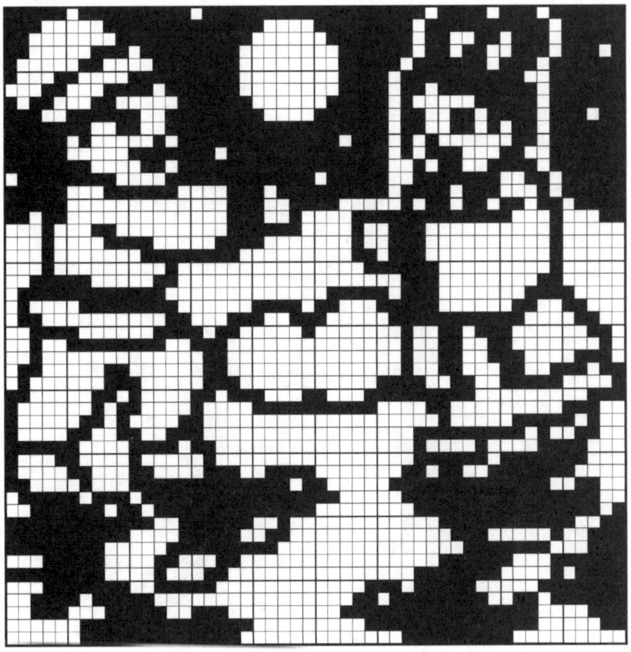

D116 8월 여름휴가

D117 9월 단풍놀이

D118 10월 독서의 계절

D119 11월 아동 학대 예방의 날

D120 12월 크리스마스

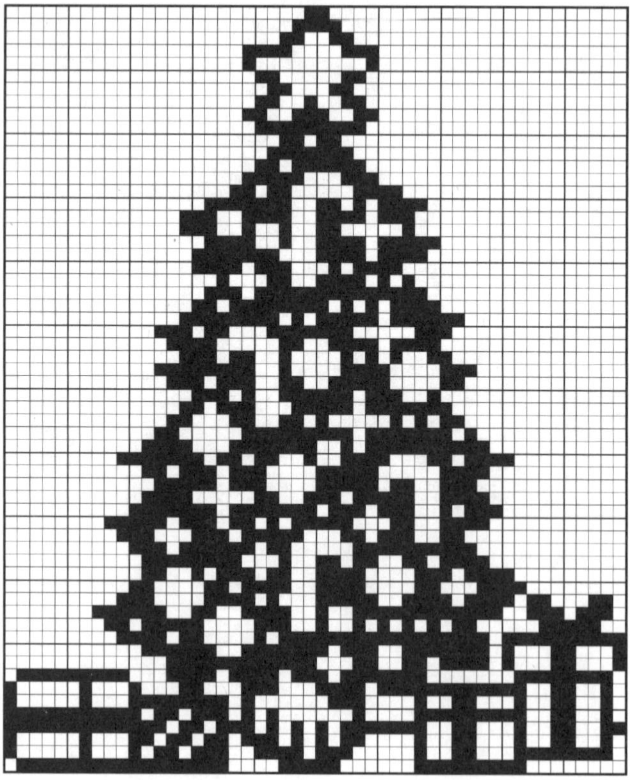